Wenn wir über Politik nachdenken, verwenden wir meist totalisierende Kategorien (Volk, Gemeinwille, Volkssouveränität), mystifizierende Narrative (Gesellschaftsvertrag, deliberative Demokratie) oder abstrakte Begriffe (der Gesetzgeber, der politische Körper, der Bürger). Obwohl wir ihre fiktive Natur erkennen, halten wir sie für notwendig. Aber warum sollte politisches Denken auf Fiktionen beruhen? Und was passiert, sobald wir mit diesen Denkweisen brechen und die Realität so betrachten, wie sie ist?
Lagasnerie plädiert dafür, eine realistische Konzeption des Staates, des Rechts und unserer Erfahrung als Subjekte zu entwickeln. Dabei skizziert er eine „reduktionistische“ Theorie, die zur Aufhebung der Gegensätze führt, die die ganze Geschichte der politischen Philosophie strukturieren: Demokratie und Kolonie, legitime und illegitime Gewalt, Rechtsstaatlichkeit und Willkür, politisches Verbrechen und gewöhnliche Kriminalität. Ein Werk, das den Rahmen der politischen Theorie tiefgreifend erneuert.

Geoffroy de Lagasnerie ist Philosoph und Soziologe. Er unterrichtet am Pariser Institut für politische Studien.

DAS POLITISCHE BEWUSSTSEIN

PASSAGEN FORUM

Geoffroy de Lagasnerie
Das politische Bewusstsein

Aus dem Französischen von
Richard Steurer-Boulard

Passagen forum
herausgegeben von
Peter Engelmann

Passagen Verlag

Deutsche Erstausgabe
Titel der Originalausgabe: *La conscience politique*
Aus dem Französischen von Richard Steurer-Boulard

Dieses Buch erscheint im Rahmen des Förderprogramms des französischen Außenministeriums, vertreten durch die Kulturabteilung der französischen Botschaft in Berlin.

INSTITUT FRANÇAIS
DEUTSCHLAND

Die Deutsche Nationalbibliothek verzeichnet diese Publikation in der Deutschen Nationalbibliografie; detaillierte bibliografische Daten sind im Internet über http://dnb.dnb.de abrufbar.

ISBN 978-3-7092-0473-3

http://www.passagen.at
Grafisches Konzept: Gregor Eichinger
Satz: Passagen Verlag Ges. m. b. H., Wien
Druck: Ferdinand Berger & Söhne GmbH, 3580 Horn

Inhalt

Für D., natürlich

Vorwort

Dieses Buch ist in zwei Abschnitte geteilt, die relativ unabhängig voneinander gelesen werden können. In den methodologischen Teilen I und II wird versucht, die Grundlagen für eine realistische (reduktionistische) Theorie der Politik zu legen, die die mythologischen Formen des traditionellen politischen Denkens in Frage stellt und mit ihnen bricht. Im zweiten Abschnitt wird versucht, eine Beschreibung unserer politischen Lage zu liefern, und zwar durch eine Theorie des Gesetzes und des Staats (Teil III), unserer Erfahrung als Subjekt (Teil IV), des Rechts, der Demokratie und der Gewalt (Teile V und VI).

I. Der politische Diskurs

1. Eine Verzerrungslogik

In gewisser Weise hat alles, was ich hier schreibe oder gerne schreiben würde, seinen Ursprung in dem Unbehagen, das ich immer dann verspüre, wenn wir von Politik sprechen. Ich habe ständig den Eindruck, dass etwas nicht stimmt an unseren Diskursen über den Staat, das Gesetz oder über uns selbst als Subjekt. Ob es sich nun um die Texte klassischer oder zeitgenössischer Autoren handelt, um deutsche, französische oder angelsächsische Theoretiker, um Stellungnahmen von Aktivisten oder Berufspolitikern, um konservative Sprecher, um solche, die radikaler eingestellt sind – die verwendeten Wörter, die gebrauchten Begriffe, die vorgeschlagenen Erzählungen erscheinen mir falsch zu sein, und mehr noch als das: offensichtlich falsch, so als ob wir die Politik nur zum Gegenstand machen könnten, indem wir uns Geschichten erzählen, im Grunde unseres Herzens wissend, dass wir dabei sind, uns selbst zu belügen.

Es ist schwierig, die Gründe für ein undeutliches Gefühl ohne Weiteres auf nicht restriktive und nicht einschränkende Weise darzulegen. Denn obwohl die Politik der Ort des Protests, des Einfallsreichtums und des Experimentierens sein soll, lässt sich kaum die Homogenität unserer politischen Sprache übersehen! Sobald wir uns über die Polizei oder die Justiz, über Wahlen oder Demonstrationen, über den Staat oder das Gesetz äußern oder uns darüber Gedanken machen, drängen sich uns die immer gleichen Rede- und Wahrnehmungsweisen auf. Eine geringe Anzahl von Begriffen kehrt ständig wieder – so als ob (was bereits ein beunruhigendes Phänomen darstellt) ein Dutzend Begriffe ausreichen würde, um das Wesentliche unseres Lebens zu erfassen: Volk, Gemeinwille, Gesellschaftsvertrag, Souveränität, Legitimität, Staatsbürgerschaft, Konstitution und Destitution, wir, öffentlicher Raum, Repräsentation, Gemeinschaftsgefühl, Gemeinschaft, Gesetzgeber, Debatte, Demokratie …

Mit diesen Begriffen lassen sich durchaus sehr unterschiedliche Dinge sagen. Wir können mit ihrer Hilfe Diskurse artikulieren, die entgegengesetzten politischen Lagern zuzuordnen sind, Diskurse, die die Form einer Legitimierung der Institutionen der liberalen Demokratie ebenso gut annehmen können, wie die Form einer Kritik am antidemokratischen Charakter dieser Institutionen oder eines Aufrufs zum Volksaufstand gegen unrechtmäßig agierende Institutionen. Doch diese Veränderlichkeit und Vielfalt der Stellungnahmen verhindert nicht, dass die Autoren, die sie aussprechen, ein und dieselbe Sprache teilen, sodass man sich in einer sonderbaren Situation befindet, in der jeder – von der Regierung bis zu oppositionellen Aktivisten, von konservativen Philosophen bis zu kritischen Theoretikern – mit denselben Wörtern spricht.

Wenn wir auf die Welt kommen, ist der Raum der Sprache bereits da. Die Intuition, die ich ausarbeiten möchte, lautet, dass die Sprache, die unser Verhältnis zur Politik vorformt und mit der wir uns als Subjekte konstruieren, von der Wirklichkeit losgelöst ist. Von dem Augenblick an, da man zu sprechen beginnt, scheint die Politik ein Bereich zu sein, in dem Verzerrungs- und Mystifizierungsoperationen ablaufen. Überall – bei den unterschiedlichsten Autoren, auf der Straße und in Büchern – treten leere Wörter und Abstraktionen an die Stelle der Wirklichkeit, gibt man vor, durch mythologische Erzählungen getreu Rechenschaft davon, was wir sind, ablegen zu können, werden sinnlose Formeln wie Offensichtlichkeiten verwendet, werden rechtliche oder politische Fiktionen, deren Fiktionalität eingestanden wird, als notwendige Grundlagen für die Reflexion gesetzt. Wie kann man zum Beispiel von „Volkswille" oder „Volkssouveränität" oder „Volk" in Gesellschaften sprechen, die geprägt sind von einer Vielfalt an Meinungen und oppositionellen Stimmen, von sozialen Konflikten, von der Weigerung, sich zu beteiligen, von Auseinandersetzungen zwischen Mehrheit und Minderheit, zwischen denen, die sprechen, und denen, die schweigen oder zum Schweigen gebracht werden?

Wie kann man den Ausdruck „Bürger" dort verwenden, wo es eine Vielfalt von Identitäten, Abhängigkeiten und Spaltungen gibt? Es ist auch nicht selten, dass Regierungen, die von einer Minderheit der Wähler gewählt wurden, vorgeben, dass die Demokratie auf dem Prinzip der Übertragung der „Volkssouveränität" mittels Wahlen „gegründet" ist, worauf ihre Gegner, anstatt diese Kategorien zu verwerfen, erwidern, sie verkörperten den eigentlichen „Volkswillen" … Hat man vergessen, dass es vor ein paar Jahren in Paris, als im Zuge der Nuit debout genannten Bewegung Aktivisten und Intellektuelle behaupteten, sie seien „das Volk" und würden „eine Verfassung formulieren", obwohl da nur ein paar Hundert Personen versammelt waren, genügte, sich umzuschauen, um festzustellen, dass die Taxifahrer, Café-Kellner, Händler und Apotheker ihr Leben weiterführten wie eh und je, dass man nur 100 Meter weiter in die umliegenden Straßen gehen musste, um zu sehen, dass sich nichts änderte? Sogar die politische Philosophie und die Rechtstheorie entkommen diesem sonderbaren Dispositiv nicht. Es gibt hier keinen Bruch zwischen den alltäglichen Formen des Verhältnisses zur Politik und den Ausführungen der Gelehrten. Wenn Jürgen Habermas vom öffentlichen Raum der Debatte und von intersubjektiver Konstruktion des Rechts spricht, wenn Hannah Arendt von der Politik als einem „gemeinsamen Handeln", John Rawls von der Demokratie als einem Regime spricht, in dem die Macht „freier und gleicher Bürger herrscht, die in einem Gemeinschaftskörper konstituiert sind", wenn Juristen die Begriffe „konstituierend", „Gesetzgeber", „öffentliche Ordnung" verwenden usw., wie sollte man – selbst wenn man kruden empiristischen Argumenten misstrauen muss – sich nicht fragen: Wovon reden sie bloß? Worauf verweist das, was sie sagen? Warum verwenden sie derlei fiktive Ausdrücke? Haben sie schon einmal eine Parlamentsdebatte im Fernsehen gesehen? Haben sie schon einmal einen Politiker in Aktion gesehen, einen Richter mit einem Angeklagten sprechen gehört oder einen Präfekten eine Entscheidung über Einwanderer treffen gesehen? Sind sie schon einmal in ein Gefängnis gegangen? Haben sie schon einmal gesehen, wie Wahlkämpfe ablaufen? Wie kommen sie dazu, die Politik ausgehend von einem Weltbild zu denken, das durch jeden – auch noch so flüchtigen – soziologischen Blick auf die Wirklichkeit widerlegt wird?

Wenngleich der Raum der Politik oft als der Bereich der Ausübung der Rationalität dargestellt wird, im Gegensatz zur Privatsphäre, in der der Affekt und das Interesse herrschten, ist es gut möglich, dass er einer der Hauptorte der Verblendung und des Automatismus ist. Wenn wir eine Eigenschaft unseres politischen Diskurses hervorheben sollten, dann wäre das die Tatsache, dass seine Sprecher – gleichsam systematisch – dadurch Positionen beziehen, dass sie Verzerrungs- und Mystifizierungsprozesse bedienen. Es ist, als ob der Wortschatz und die Sprache dieses Bereichs eine Funktion ausübten, die im Gegensatz zu ihrer eigentlichen Aufgabe steht, und nicht dazu dienten, etwas zu benennen, sondern zu verbergen. Sich selbst zu belügen, sich selbst gerade in dem Moment zu verfehlen, in dem man behauptet, über sich zu sprechen, wäre das Kennzeichen unserer Position als politisches Subjekt. Es ließe sich nicht einmal behaupten, dass in unserem politischen Diskurs eine Verzerrungslogik am Werk ist, vielmehr müsste man sagen, dass unser politischer Diskurs gänzlich auf der Grundlage von Verzerrungen erzeugt wird. Politisch zu denken, scheint zu implizieren: *in Fiktionen zu denken.*

2. Hobbes, die Wissenschaft, der Mythos

Die Logik der Mystifizierung, die den Kern unserer politischen Moderne ausmacht, lässt sich aufzeigen, indem wir uns Thomas Hobbes' *Leviathan* zuwenden. Es ist offensichtlich kein Zufall, dass es mir zweckmäßig erscheint, dieses Werk zum Ausgangspunkt zu nehmen. Der *Leviathan* ist – geschichtlich betrachtet – eines der Gründungswerke der politischen Theorie und folglich hat die Geste, die es vollzieht, einen Modus der Problematisierung initiiert, den viele Autoren danach bewusst oder unbewusst übernommen haben. Hobbes hat Gewohnheiten und Reflexe geschaffen, die unseren Diskurs, so wie er uns umgibt und als sprechende und fühlende Subjekte hervorbringt, bis heute prägen.

Es gibt noch einen anderen Grund dafür, dass Hobbes' Analyse ein nützliches Werkzeug bildet, mit dem wir die Natur unserer politischen Denkweisen aufzeigen können: Hobbes bezeichnet sein Projekt nämlich als rationalistisch und wissenschaftlich. Er beansprucht, mit allen Leidenschaften, mit oberflächlichen und parteiischen Beobachtungen zu brechen und zum ersten Mal eine „echte Wissenschaft" von der Politik zu konstruieren, die sich – wie die Mathematik – von den Regeln der Vernunft und der Beobachtung leiten lässt.[1] Hobbes' Projekt besteht nicht darin, politische „Philosophie" zu betreiben, sondern darin, eine autonome, illusions- und vorurteilsfreie Wissenschaft zu begründen.[2] Sein Unterfangen eröffnet demnach ein Terrain, auf dem es möglich wird, sich der Tatsache bewusst zu werden, dass man in unserem politischen Diskurs gerade in dem Moment, da man das Wahre zu sagen behauptet, ohne Unterlass das Falsche sagt.

Hobbes will seine Wissenschaft von der Politik begründen, indem er die Souveränität aus den Eigenschaften des Menschen und aus den Beziehungen zwischen den Menschen deduziert. Er arbeitet daher im ersten Teil seines Werks eine Theorie der Affekte, der Leidenschaften, der Vernunft und der Erfindung aus. Er möchte auf diese Weise eine materialistische und objektive Beschreibung der menschlichen Natur liefern, um daraus in einem zweiten Schritt ein Wissen über die Politik abzuleiten.

Doch sobald Hobbes „das Gemeinwesen" zum Gegenstand nimmt, sobald er anfängt, über die Geburt des politischen Subjekts nachzudenken, gibt er plötzlich die Vernunftlogik, die Logik der Feststellung und der Argumentation auf.

Hobbes führt zwei mögliche Arten der Verfassung des Gemeinwesens an, oder genauer zwei mögliche Weisen für das Subjekt, in ein Verhältnis zu einem Souverän zu treten. Es gebe zwei Formen des Eintretens in die politische Abhängigkeit (*sujétion*)[3] und folglich zwei Arten von Gemeinwesen. Es gebe einerseits das Gemeinwesen durch Einsetzung oder Institution: Ein Gemeinwesen ist durch Einsetzung gegründet, wenn Individuen sich versammeln und eine Abmachung oder eine Vereinbarung treffen, um eine Person einzusetzen, die das Recht hat, sie zu vertreten. „Ein Gemeinwesen gilt als durch Einsetzung gegründet, wenn eine Menge von Menschen sich einigt und einen Vertrag schließt, jeder mit jedem, daß jeder beliebige Mensch oder jede Versammlung von Menschen, dem die Mehrheit das Recht gibt, ihrer aller Person zu vertreten (das heißt ihr Repräsentant zu sein), von jedem einzelnen, ob er dafür oder dagegen stimmt, für seine Handlungen und Entscheidungen in gleicher Weise Ermächtigung erhält."[4]

Die zweite mögliche Form der Einrichtung einer politischen Bindung nimmt nicht die Form des gegenseitigen Vertrags an. Sie entstammt dem Krieg, der Invasion und der Eroberung. Sie ist eine durch Gewalt erlangte Herrschaft: Ein Souverän taucht auf, er erobert ein Gebiet, er erringt den Sieg. Das Subjekt wird zum politischen Subjekt, wenn es – angesichts der Aufforderung des Kriegsgewinners, sich zu unterwerfen oder zu sterben – nachgibt und die neu eingerichtete Macht akzeptiert. Das ist das Gemeinwesen durch Aneignung. „Ein Gemeinwesen durch Aneignung besteht dort, wo die souveräne Macht durch Gewalt erworben wird. Und sie wird durch Gewalt erworben, wenn Menschen, einzeln oder viele zusammen durch Stimmenmehrheit aus Furcht vor Tod oder Knechtschaft dem Mann oder der Versammlung, die ihr Leben und ihre Freiheit in der Gewalt haben, Ermächtigung für ihre Handlungen geben."[5]

Diese Unterscheidung ist von Historikern und Philosophen lang und breit diskutiert worden. Was dabei aber als das wesentliche Element angesehen wurde, ist die Tatsache, dass Hobbes die Unterscheidung zwischen diesen zwei Formen der Souveränität einführt, um ihren Unterschied aufzuheben. Man könnte glauben, dass die Form „Gesellschaftsvertrag" und die Form „Aneignung" einander widersprechen, dass sie zwei gegensätzliche Modalitäten des Verhältnisses ausdrücken, in dem das Subjekt in der Unterwerfung unter den Souverän steht, und dass folglich diese zwei Typen des Gemeinwesens durch unterschiedliche Arten von Legitimität gekennzeichnet sind. Hobbes' Konstruktion hat nun aber die Funktion aufzuzeigen, dass der Akt der Subjektivierung, durch den ein Individuum zum politischen Subjekt wird, in beiden Fällen auf ein und derselben Leidenschaft beruht, nämlich auf der Angst.

Die Errichtung eines Gemeinwesens durch Einsetzung gründet nach Hobbes auf der Furcht, die jeder vor dem anderen empfindet, und auf dem Wunsch, diese Situation der Unsicherheit zu beenden, während das Gemeinwesen durch Aneignung auf der Angst vor dem aneignenden Souverän gründet: zwei Ängste also, die aus unterschiedlichen Quellen stammen, Ängste nichtsdestoweniger, und weil es daher letztlich ein und dieselbe Logik ist, die in beiden Formen der Konstitution der Souveränität am Werk ist, kommt auch beiden Formen dieselbe Legitimität zu.

Die kontra-intuitive Behauptung, dass der Souverän durch Einsetzung die gleiche rechtliche Legitimität besitze wie der Souverän durch Aneignung, ist das, was die politische Theorie, einschließlich Foucault[6], aus Hobbes' Werk lernt. Diesen Nachweis hält man für sein Bravourstück.

Naivität

Und doch liegt etwas viel Sonderbareres in dieser Überlegung, die nicht hinreichend kommentiert wurde, wahrscheinlich, weil diesen Punkt aufzugreifen bedeutet, für einen naiven Autor gehalten zu werden. Die Gefahr, sich der Anschuldigung der Naivität auszusetzen, hat übrigens große Implikationen. Sie zeigt das Vorhandensein einer Art von autoimmunisierenden Vorrichtung in der politischen Philosophie, die mit besonderer Intensität hinsichtlich der Theorien des Gesellschaftsvertrags, des Konstruktivismus und der deliberativen Demokratie zum Einsatz kommt: Wenn man die konstitutiven Hypothesen des Feldes nicht akzeptiert, riskiert man, der Naivität bezichtigt zu werden und somit die Pertinenz seiner Aussagen entkräftet zu sehen, was bewirkt, dass die grundlegenden Hypothesen des Feldes von einem legitimen Diskurs letztlich niemals in Frage gestellt werden können, weil die Legitimität die Anerkennung der konstitutiven Hypothesen voraussetzt … Dieses System der Einschüchterung und Selbstbestätigung ist im Grunde demjenigen sehr ähnlich, das im Feld der Gegenwartskunst am Werk ist. Und es erklärt die automatische Fortführung einer Denkweise, deren Existenz niemand in Frage zu stellen wagt.

Falsch

Worüber man beim Lesen von Hobbes' Text erstaunt sein sollte, ist die Tatsache, dass die Wirklichkeit unserer Beziehung zur Politik an den zwei Modalitäten des Souveränität, von denen er spricht, völlig vorbeigeht.

Hobbes unterscheidet zwei Weisen des Eintretens in den Staat und der Hervorbringung des Subjekts als Untertan des Souveräns. Diese zwei Möglichkeiten haben jedoch keinen Bezug zur Wahrheit unserer Erfahrungen. Sie sind keine Modelle, sondern Fiktionen. Letztlich könnte man behaupten, dass nur das Gemeinwesen aus Aneignung eine Form darstellt, die manchmal – und eigentlich sehr selten – geschichtliche Wirklichkeit aufweist, nämlich für die Kämpfer in einem Krieg im Moment der Niederlage, für die Mitglieder eines kolonisierten Gebiets im Moment der Eroberung … Aber darüber hinaus? Ob es nun im Rahmen „kolonialer“ Systeme, „monarchistischer“ oder „demokratischer“ Regime ist – ich setze diese Ausdrücke hier in Anführungszeichen, denn wir werden über diese Unterscheidungen und Bezeichnungen nachdenken müssen –, wer kann seine Beziehung zum Staat in einer der zwei Formen beschreiben, von denen Hobbes spricht? Die Einrichtung des Staats und der Eintritt des Subjekts in den Staat nehmen praktisch niemals die Form eines freiwilligen und ausdrücklichen Vertrags an.

Der Souverän, so wie Hobbes ihn in der Theorie vom Aneignungsstaat beschreibt, würde sagen: Du unterwirfst dich, du wirst mein Untertan, mein politisches Subjekt, oder ich lasse dich hinrichten. Deshalb behauptet Hobbes, dass der Aneignungsstaat ebenso legitim wie der Einrichtungsstaat ist, denn beide beruhen auf der Zustimmung der Subjekte und auf einem Akt der Anerkennung.

Wenn man die reale Erfahrung des politischen Subjekt-Werdens beschreibt, dann gibt es die Wahl, von der Hobbes spricht, nicht. Wir haben niemals die Wahl. Es stimmt nicht, dass es eine Alternative zur politischen Zugehörigkeit gibt. Die Tatsache, unter der Herrschaft einer Macht zu stehen, die sich das Recht nimmt, über uns zu verfügen, wird uns mit der Geburt auferlegt. Es gibt keinen Vertrag, es gibt keine Unterwerfung, weil es niemals die Möglichkeit gibt, sich nicht zu unterwerfen und nicht Teil der Rechtsordnung zu sein. Wenn wir geboren werden, gibt es bereits eine Rechtsordnung, sie ergreift Besitz von uns und wir müssen sie dulden. Das Subjekt steht in keinem Konstitutionszusammenhang mit der Ordnung, in der es sich befindet. Eher könnte man von einer Gefangennahme sprechen.

Hobbes stellt die Wahl an den Ursprung des politischen Subjekts, obwohl in Wirklichkeit die Frage des Staats die Frage einer erzwungenen Zugehörigkeit ist: Ohne dass man mich um meine Meinung gefragt hat, ohne dass ich meinen Willen formell oder vertraglich ausgedrückt habe, bin ich de facto Teil des Staats als Untertan oder Bürger. Thomas Bernard sagte, in einer Formulierung, die Pierre Bourdieu gerne zitiert: „Der Staat hat mich, wie alle andern auch, in sich hineingezwungen“[7]. Wir werden im Staat geboren, vom Staat erfasst, von ihm definiert. Wir sind Objekte des Staats, dem Staat unterworfen. Wir sind in ihm eingeschlossen – ich werde darauf zurückkommen.

Anstatt zu sagen: Wenn wir geboren werden, sind der Staat, das Recht und auch die Polizei schon da, und unsere Geburt als politisches Subjekt ist das Ergebnis eines Zwangs und nicht das Ergebnis einer Unterschrift, schreibt Hobbes: Das politische Subjekt ist dem Recht unterworfen, weil es einen Vertrag unterschrieben hat, und es hat diesen Vertrag entweder aus Angst vor den anderen oder aus Angst vor dem Souverän unterschrieben.

Realismus und Gesellschaftsvertrag

Man könnte darauf natürlich antworten, dass Hobbes' Projekt der Tradition des Gesellschaftsvertrags angehört und dieser Bereich des Denkens schließlich mit einer hypothetischen Vorstellung vom Menschen und der Gesellschaft arbeitet, um eine Theorie der Souveränität und der Rechtmäßigkeit zu konstruieren. Doch dieser Einwand ist nicht gültig. Hobbes' Vorgehen lässt sich nicht in die Tradition des Gesellschaftsvertrags einordnen, so wie sie sich von Jean-Jacques Rousseau bis John Rawls entwickelt.

Es gibt nämlich einen Punkt, an dem sie wesentlich davon abweicht. Die Theorie des Gesellschaftsvertrags, so wie sie seit dem 17. Jahrhundert funktioniert, ist mit dem Anspruch einer hypothetischen Methode verbunden, deren Ziel es nicht ist, die Wirklichkeit wiederzugeben, sondern die Kriterien zu begründen, mit denen man sie beurteilen und verändern kann. Rousseau und Rawls geben zu, dass die von ihnen errichtete Denkanordnung fiktiv, bildhaft und experimentell ist. In *Vom Gesellschaftsvertrag* führt Rousseau den Gegensatz ein zwischen einer historischen Vorgehensweise, die auf Tatsachen beruht, und einer auf Abstraktion beruhenden Reflexion über die Grundlegung und die Rechtmäßigkeit sozialer Verhältnisse. Er ordnet seine Methode in die zweite Kategorie ein: Er weiß nicht, sagt er, wie sich die politischen Beziehungen eingebürgert haben, aber er bekräftigt, dass das, was ihn interessiert, die Ausarbeitung der Kriterien ist, mit denen ihre Rechtmäßigkeit erfasst werden könne. Die normative Denkweise, die die Methode der Vertragstheorie kennzeichnet, gründet auf einem Bruch mit dem Anspruch, geschichtlich das Wirkliche zu beurteilen: „Der Mensch ist frei geboren, und überall liegt er in Ketten. Einer hält sich für den Herrn der anderen und bleibt doch mehr Sklave als sie. Wie ist dieser Wandel zustande gekommen. Ich weiß es nicht. Was kann ihm Rechtmäßigkeit verleihen? Diese Frage glaube ich beantworten zu können."[8]

Die Tradition des Gesellschaftsvertrags ist dadurch gekennzeichnet, eher einen hypothetischen Zugang als eine historische Methode zu entwickeln, um das Problem der unterschiedlichen Rechtmäßigkeit der politischen Systeme lösen zu können. Diese methodologische Position hat sich im Lauf der Philosophiegeschichte mehr oder weniger durchgesetzt und wurde in der zeitgenössischen Debatte durch John Rawls politischen Konstruktivismus erneuert. Rawls unterstreicht die Bedeutung, die der Abstraktion für die Ausarbeitung von Kriterien zukommt, mit denen sich die Frage beantworten lässt, welche Form eine gerechte politische Gesellschaft annehmen sollte. Was er politischen Konstruktivismus nennt, gründet auf der Vorstellung, dass es heftige Konflikte gibt, die nur durch Abstraktion gelöst werden können: „Die Arbeit des Abstrahierens ist demnach nicht ohne Grund: sie ist keine Abstraktion um der Abstraktion willen. Vielmehr bietet sie die Möglichkeit, die öffentliche Diskussion fortzuführen, wenn gemeinsame Überzeugungen, die weniger allgemein sind, sich als nicht länger tragfähig erwiesen haben. Wir müssen damit rechnen, daß wir, je tiefer ein Konflikt reicht, um so höher in die Abstraktion hinaufsteigen müssen, um einen klaren und unverstellten Blick auf seine Wurzeln zu bekommen. Da die Konflikte über das Wesen der Toleranz und über die Grundlagen der Kooperation auf der Basis von Gleichheit sich innerhalb der demokratischen Tradition als langwierig erweisen haben, müssen wir annehmen, daß sie tief reichen. [...] So gesehen ist die Ausarbeitung der idealisierten und abstrakten Konzeptionen der Gesellschaft und der Personen, die mit diesen grundlegenden Ideen verbunden sind, notwendig, um eine vernünftige politische Gerechtigkeitskonzeption zu finden."[9] Rawls spricht sich offen für den Rückgriff auf eine spekulative Technik aus, wenn es darum geht, normative Kriterien zu entwickeln, die es ermöglichen, die Wirklichkeit zu beurteilen, die Phantasie anzuregen oder, wie Bertrand Guillarme sagt, „ein reflektiertes Gleichgewicht zwischen allen Intuitionsgraden einer Person"[10] herzustellen.

Die Bedeutung Rawls in der Gegenwartsdiskussion und die Tatsache, dass wir, wenn wir schreiben, nicht aufhören, uns zu ihm zu positionieren, erklärt sich wahrscheinlich aus der Klarheit und der Kraft dieser Position. In seiner Methode liegt etwas, das bewirkt, dass man ihn nicht ignorieren kann und dass sie uns anspricht. Rawls hat die wesentliche Frage gestellt, auf welchen Kriterien wir eine Kritik der Gegenwart gründen und zu einer Transformation der politischen Ordnung aufrufen können. Und folglich zwingt er uns dazu, uns Fragen zu stellen über die Art und Weise, wie wir andere soziale Institutionen zu begreifen suchen, und über die Kriterien, die uns dabei leiten.

Chantal Mouffe sagt oft, dass die Intellektuellen nicht auf der Stufe der „Desartikulation" bestehender Institutionen Halt machen dürfen, sondern sich auch die Frage der „Reartikulation" einer anderen Hegemonie und der Form, die sie annehmen soll, stellen müssen.[11] Offensichtlich ist das eine Position, mit der viele Autoren Probleme haben (aber nicht alle, man denke zum Beispiel an Bourdieu und Passeron, die ihr Werk *La Reproduction* mit einer Reflexion über die Bedingungen einer „rationalen Pädagogik"[12] abschließen). Das Nachdenken über die möglichen und wünschenswerten Formen der Reartikulation politischer Institutionen führt uns nun aber dazu, die Frage der Kriterien und ihrer Ausarbeitung zu stellen – führt uns also zu Rawls.

Von Rousseau bis Rawls greift die Tradition des Gesellschaftsvertrags bereitwillig auf die Abstraktion zurück und fußt mithin auf der Behauptung einer Grenze zwischen einem konstatierend-historischen und einem abstrakt-normativen Denken. Hobbes geht aber ganz anders vor. Wenn er seine fiktiven Erzählungen konstruiert, sagt er nicht: Ich greife auf die Abstraktion zurück, ich breche mit der Beobachtung, um ein Modell auszuarbeiten. Er sagt genau das Gegenteil. Er sagt: Ich beobachte, ich betreibe Politikwissenschaft, ich breche mit der Spekulation, ich leite aus Tatsachen ab. Die Hervorbringung einer Abstraktion ist etwas ganz anderes als die Verteilung mythologischer Elemente in einem Denken, das sich als beschreibend ausgibt.

Der Gegensatz zwischen der vermeintlich historischen Methode Hobbes' und der ausdrücklich abstrakten Methode Rousseaus drückt sich ferner auch im Unterschied der politischen Wirkungen ihrer Werke aus. Indem er den Mythos als Geschichte ausgibt, erzeugt Hobbes einen Legitimierungseffekt, der sich auf alle Souveräne, ohne irgendeinen Unterschied zwischen ihnen zu machen, ausdehnt: Hobbes liefert Gründe dafür, sich dem, was ist, zu unterwerfen. Die Tradition des Gesellschaftsvertrags hingegen erzeugt, da sie abstrakt und spekulativ ist, kritische Effekte: Sie liefert Kriterien, um Systeme zu beurteilen. Rousseaus Leser sind der Auffassung, dass er normative Grundlagen bereitstelle, um die Rechtmäßigkeit oder Unrechtmäßigkeit einer bestehenden politischen Autorität zu beurteilen, und dass man aus seinen Analysen ableiten könne, dass die Aufforderungen zum Gehorsam vonseiten des Souveräns in den meisten Fällen illegitim sind. Das ist das genaue Gegenteil der Konsequenzen, die sich aus dem *Leviathan* ergeben.[13]

3. Dem entkommen, was ist

Warum ist unser politisches Denken von einem so umfassenden Gebrauch fiktiver Kategorien geprägt? Worin gründet die Tendenz, das Reale gefangen zu nehmen und unsere Situation mithilfe von Begriffen zu fassen, die die Wirklichkeit in genau dem Maße verfälschen, wie sie sie zu benennen beanspruchen? Welchen Notwendigkeiten gehorcht diese diskursive Praxis?

Um das Bildungsprinzip unserer politischen Diskurse zu verstehen, dürfen wir nicht in den Kategorien des Verkennens denken. Die Erzählungen, die wir verwenden, sind offensichtlich falsch. Wir wissen, dass wir mit Wesenheiten hantieren, denen keinerlei Wirklichkeit zukommt. Wir begehen also keinen Irrtum. Wir verorten uns vielmehr in einer Logik der Verleugnung und der Entäußerung. Wir wollen dem entkommen, was wir sind.

Politische Psychoanalyse

In seinen Texten über die Grundlagen der Wissenschaft von der Psyche behauptet Freud, dass es eine spontane Neigung menschlicher Gesellschaften gibt, die Welt zu bevölkern, überall und am Ursprung aller Dinge Geister und Absichten zu sehen. Der Regen, die Erdumdrehung, der Ursprung des Menschen usw. sind immer spontan als Erscheinungen gedeutet worden, die einen Sinn haben, zum Beispiel als Bekundungen eines göttlichen Willens, deren Bedeutung zu ergründen wäre.[14] Die Wissenschaft ist der Diskurs, der jedes Mal diese Erzählungen zerstört. Sie ersetzt die mythologischen Erzählungen, die die Tatsachen mit Gründen und

Bedeutungen ausstatten, durch mechanische Erzählungen, in denen die kalte Logik der Kausalität wirkt.

Die Psychoanalyse unterstellt den menschlichen Geist den Ansprüchen wissenschaftlichen Denkens. Mir scheint im Übrigen, dass man Pierre Bourdieus Formulierung in diesem Sinne verstehen muss, wenn er die Soziologie als eine Psychoanalyse des Sozialen definiert. Mit dieser Formulierung verweist Bourdieu wahrscheinlich nicht nur auf die Frage des Unbewussten und Verdrängten. Sie besagt auch, dass die Sozialwissenschaft die Geschichten, die sich soziale Akteure über die Welt erzählen, durch die Logiken des gesellschaftlichen Determinismus ersetzt.

Das Projekt der Wissenschaft besteht darin, die Geister auszutreiben. Als wissenschaftliche Projekte haben sich Psychoanalyse und Soziologie als Disziplinen konstruiert, die mit unseren spontanen Vorstellungen brechen, um die kalten Mechanismen freizulegen, die den sichtbaren Verhaltensweisen zugrunde liegen.[15]

Diese Methode hat sich jedoch noch nicht in der politischen Philosophie oder in der Rechtstheorie durchgesetzt – und deshalb gilt es nun, eine Psychoanalyse der Politik auszuarbeiten zu versuchen. Wenn Hobbes ein Konzept der Zustimmung zum Fundament politischer Zugehörigkeit entwirft, obwohl es sich dabei vielleicht um einen jener seltenen Bereiche handelt, in denen wir niemals und niemandem zugestimmt haben; wenn wir gemäß derselben Logik sagen, dass die Demokratie auf dem Prinzip der Volkssouveränität gründet, dass die Souveränität durch die Stimmabgabe übertragen wird, dass das Volk sich in der Versammlung selbst als Volk konstituiert, dass die Revolution ein Moment ist, in dem den staatlichen Institutionen die Volkssouveränität entzogen wird, dass eine verfassungsgebende Versammlung eine Institution ist, in der ein Volk sich gemeinsame Regeln auferlegt, und dass das Recht ausgehend von einem Prozess vernünftiger Deliberation konstruiert wird – was tut man dann anderes, als die politischen Erscheinungen und die Formen des politischen Handelns mit einer Art psychischem und magischem Leben auszustatten? Welche Funktionen haben diese Diskurse, wenn nicht die, dem Realen eine Schicht leerer Signifikanten hinzuzufügen, die ihnen eine Seele und einen Schein von Sinn verleihen? Das Begriffsfeld der Volkssouveränität, des

Gemeinwohls, der Legitimität, der Bürgerschaft, des Vertrags, der Grundlegung, der „demokratischen Gemeinschaft", der gleichen Bürger, der Deliberation, der Verfassung, des Staatswesens und so fort lässt das magische Weltverständnis weiterwirken.

Wir verfügen über keine Definition der Demokratie

Vielleicht besteht die Funktion der politischen Sprache ganz einfach deshalb nicht darin zu benennen, sondern zu maskieren, weil wir uns schützen wollen. Unsere politische Erfahrung hat etwas Brutales, und die Mystifizierungen, die unsere Verhaltensweisen zu dieser Dimension unseres Lebens prägen, dienen dazu, ein allzu klares Bewusstsein unserer Lage zu vermeiden.

Die Existenz einer defensiven Funktion der politischen Sprache wird offenbar, wenn wir ein einfaches Beispiel hernehmen, nämlich das der Demokratie. Wir glauben entweder, in einer Demokratie zu leben, oder einer demokratischen Gouvernementalität entgegenzustreben. Der Begriff der Demokratie spielt eine wesentliche Rolle für die Art und Weise, wie wir unsere Situation zu begreifen und unsere Beziehungen zu Institutionen zu denken versuchen.

Doch man kann nicht umhin, erstaunt zu sein über die Art und Weise, wie wir diesen Begriff definieren. Die Demokratie wäre die „Volkherrschaft", die Regierung, in der die „Volkssouveränität das Prinzip der Souveränität ist", das politische System, in dem das „Volk" die „Quelle der Macht" ist. Es gibt natürlich Varianten davon. Doch diese Vorstellung des *self-government*, eines Systems, in dem die Legitimität beim Volk läge, in dem Volkssouveränität herrsche, kehrt ständig wieder. Diese Definition der Demokratie wird weitgehend verwendet, um sie zum Beispiel von kolonialistischen, monarchistischen oder diktatorischen Systemen zu unterscheiden. Wenn man nun aber die totalisierenden Kategorien beiseite lässt, was heißt dann „Volkherrschaft"? Welche konkrete Bedeutung hat der Ausdruck „die Macht des Volks und für das Volk"? Auf welche Wirklichkeit verweist die Formel, der zufolge „die Macht beim Volk liegt"? Lässt sich diese Definition mit dem

Blick auf Institutionen, Wahlvorgänge, auf das Parteiensystem und die soziale Logik politischer Mobilisierung in Einklang bringen, sofern ihm nur ein Funke Realismus innewohnt? Eine Formel wie „demokratische Institutionen gründen auf dem Volkswillen" ist nicht deshalb kritikwürdig, weil es eine Kluft gäbe zwischen etwas, das „Volkswille" hieße, und den Institutionen, sondern weil der „Volkswille" nicht existiert und einen sinnlosen Ausdruck darstellt.

Durkheim

Ich beanspruche natürlich nicht, der langen Tradition philosophischen und juristischen Denkens mit diesen wenigen Zeilen die Stirn zu bieten, aber ich möchte, indem ich mich auf Émile Durkheim berufe, unterstreichen, dass es ausreicht, einen soziologischen Blickpunkt einzunehmen, um unsere geläufigen Definitionen der Demokratie abzulehnen. In den *Vorlesungen zur Soziologie der Moral* greift Émile Durkheim die Vorstellung an, es wäre möglich, die politischen Systeme anhand der Anzahl derer, die Teil der Regierung sind, zu ordnen. Er zitiert Montesquieu, der die Demokratie dadurch definiert, dass „das ganze Volk die höchste Gewalt innehat", die Aristokratie dadurch, dass „die oberste Gewalt in den Händen nur eines Teils des Volkes", und die Monarchie dadurch, dass „ein einzelner die Macht inne" hat.[16] Diese Klassifizierung verweist zur Gänze auf die implizite Definition der Demokratie als Regierung des Volks und durch das Volk, als *self-government.*

Durkheim zeigt nun aber, dass eine Beobachtung des Wahlvorgangs eine solche Definition außer Kraft setzt. Das führt ihn dazu, unsere traditionellen Entgegensetzungen von Monarchie, Aristokratie und Demokratie in Frage zu stellen. Wenn man objektiv über die Funktionsweise von politischen Systemen und von Regierungssystemen nachdenkt, wird der Ausdruck „Macht des Volks und durch das Volk" „sinnlos". Durkheim argumentiert so:

> [Was soll] denn mit dem Ausdruck „regieren" gemeint sein […]? Regieren heißt ohne Zweifel, einen positiven Einfluß auf den Gang der öffentlichen Angelegen-

heiten auszuüben. In dieser Hinsicht besteht unter Umständen gar kein Unterschied zwischen Demokratie und Aristokratie. Denn in der Tat bestimmt sehr oft der Wille der Mehrheit, was Gesetz ist, ohne daß die Gefühle der Minderheit auch nur den geringsten Einfluß hätten. Eine Mehrheit kann ebenso unterdrückend sein wie eine Kaste. Ja, sehr oft kommt es vor, daß die Minderheit nicht einmal in den Parlamenten vertreten ist. Man bedenke nur einmal, daß Frauen, Kinder und Heranwachsende und all jene, die aus irgendeinem Grunde am Wählen gehindert werden, außerhalb der Wählerschaft bleiben. So kommt es, daß die wahlberechtigten Bürger lediglich die Minderheit eines Landes bilden. Und da die Gewählten lediglich die Mehrheit ihrer Wähler repräsentieren, stehen sie allenfalls für eine Minderheit der Minderheit. In Frankreich gab es 1893 bei 38 Millionen Einwohnern nur 10 Millionen Wahlberechtigte; von diesen 10 Millionen machten 7 Millionen von ihrem Wahlrecht Gebrauch, und die von diesen 7 Millionen gewählten Abgeordneten repräsentierten lediglich 4 592 000 Stimmen. Auf die Gesamtzahl der wahlberechtigten Bürger bezogen, waren 5 930 000 Stimmen nicht repräsentiert, also insgesamt mehr Wahlberechtigte, als den gewählten Abgeordneten zu ihrem Erfolg verholfen hatten. Hält man sich allein an die Zahlen, wird man also sagen müssen, daß es noch niemals eine Demokratie gegeben habe. Ja, mehr noch, um die Aristokratie von der Demokratie zu unterscheiden, könnte man sogar behaupten, in einem aristokratischen Regime sei die regierende Minderheit ein für allemal festgelegt, während in einer Demokratie die Minderheit, die heute den Sieg davonträgt, morgen schon von einer anderen geschlagen und ersetzt werden könne. Der Unterschied ist jedenfalls minimal.[17]

Die Art und Weise, wie die politische Theorie und wir alle den Begriff „Demokratie" spontan gebrauchen, gehorcht derselben Logik, die wir bei Hobbes sahen. Wenn man sagt, die Demokratie sei die Regierung des Volks und für das Volk, dann tut man so, als sei diese Definition realistisch und deskriptiv, obwohl wir wissen, dass sie mythologisch ist oder, besser gesagt, dass die soziologische Beobachtung unmittelbar erlaubt, ihre Sinnhaftigkeit in Frage zu stellen. Wir belügen uns selbst. Und die Konsequenz einer solchen Behauptung ist einfach: Wenn wir die Demokratie als das System der „Regierung des Volks und durch das Volk" definieren und wenn wir uns bewusst werden, dass der Ausdruck „Regierung des Volks und durch das Volk" keinen Sinn hat, dann müssen wir eigentlich akzeptieren, dass wir über keinen Begriff der Demokratie verfügen … Wir haben keine andere als eine mythologische Definition der Demokratie.

Um ein anderes Beispiel zu geben: Wenn John Rawls sagt, dass in einer Demokratie die politische Macht die Macht der Öffentlichkeit ist, „das heißt der Gesamtheit der freien und gleichen Bürger"[18], was sagt er dann damit aus, insofern dies eine Definition darstellt, der nichts an der Funktionsweise unserer Gesellschaften entspricht? Und was schreibt er letztlich anderes, als dass unsere Wirklichkeit nicht dem entspricht, was er Demokratie nennt? Und dann stellen sich eben die Fragen: In welchem System leben wir? Was sind wir? Welcher Unterschied besteht zwischen unseren Erfahrungen und denen eines Kolonialisierten oder eines Untertanen einer Monarchie? Wie kennzeichnet man sie? Wie werden wir regiert? Fürs Erste wissen wir es nicht. Wir wollen es nicht wissen, und deshalb ziehen wir es vor, uns auf die Lügen unseres politischen Diskurses zu verlassen.[19]

4. Eine Kritik des Bewusstseins

Ziel dieses Buches ist es, den Zyklus der politischen Theorie abzuschließen und ein realistisches Verständnis unserer politischen Lage und unseres Verhältnisses zum Staat, zum Gesetz, zu uns selbst und den anderen zu erarbeiten. Es geht darum, die Schleier wegzureißen, die sich zwischen unserer Erfahrung und unserem Bewusstsein legen, darum, uns der fiktiven Argumentationen zu entledigen, die unsere Diskurse verstopfen und uns daran hindern, korrekt zu benennen, was ist und was wir erleben. Kurz, es geht darum, eine Phänomenologie der politischen Erfahrung auszuarbeiten, um eine andere Sprache und eine neue Begrifflichkeit zu schaffen.

In der Einleitung zu den *Cartesianischen Meditationen* hebt Husserl hervor, dass, wenn er über das Bewusstsein, das Subjekt und den Weltbezug nachzudenken beginnt, er unzählige unterschiedliche und widerstreitende Analysen vorfindet. Husserl schreibt, dass er sich diesem Feld hätte einschreiben können, was bedeutet hätte, die dieses Diskursuniversum konstituierenden Elemente zu den Grundlagen der eigenen Untersuchungen zu machen. Doch die Feststellung der Existenz einer wuchernden Vielzahl von Analysen führt ihn dazu, die umgekehrte Geste zu vollziehen. Man soll dieser Wucherung nicht noch Nahrung geben, sagt er. Man muss sie beenden. Sie verurteilt die Autoren dazu, sich in ein Universum zu fügen, das bereits in Bewegung ist und deren Grundprinzipien niemand in Frage stellt. Husserl behauptet also, dass es notwendig ist, sich von diesem Feld zu lösen, um zu neuen *Meditationes de prima philosophia* anzuheben: Man darf nicht versuchen, ins Feld einzutreten, sondern muss sich aus ihm zurückziehen, um es in seiner Ganzheit zu betrachten.[20]

Wenn Husserl von seiner Methode spricht, dann evoziert er eine „Radikalität des Ausgangspunkts“[21]. Ich möchte hier dieselbe Geste vollziehen: die Begriffe, die man für gesichert hält, und die Wahrheiten, die offensichtlich erscheinen, einklammern, um das hervorzubringen, was Husserl auch eine „universale Bewusstseinskritik“[22] nennt.

Das Bewusstsein bestreiten

Wenn man versucht, die eingesessenen Kategorien des Diskurses aufzulösen, stellt sich notwendigerweise ein Problem: Als Theoretiker treten wir nicht nur in Konflikt mit anderen Theoretikern, sondern auch mit sozialen Akteuren, den Aktivisten, und ihren alltäglichen Redeweisen. Im Laufe dieses Buches werde ich zum Beispiel die Stichhaltigkeit der Kategorie des Ungehorsams in Frage stellen. Das bedeutet für mich, dass ein Aktivist, der sagt „ich leiste Ungehorsam“, eigentlich etwas anderes erlebt, als was er zu erleben glaubt: Er benennt auf inadäquate Weise seine Handlungen mittels der aktuell verfügbaren Sprache. Auf dieselbe Weise wird mich die Infragestellung umfassender Kategorien wie „Volk“, „wir“, „Gemeinschaft“, „Staatsbürgerschaft“, „Demokratie“ und „Volkssouveränität“ dazu führen, auf Distanz zu einer großen Anzahl von Aussagen zu gehen, die in und von Sozialbewegungen getätigt werden.

Die Kategorien unseres politischen Diskurses lassen uns gewissermaßen ein verdoppeltes Leben erfahren, in dem wir konkret eine gewisse Anzahl von Erfahrungen machen, die wir anders benennen, als es angebracht wäre. Es besteht eine Autonomie der Erfahrung, Autonomie dessen, was wir erleben, gegenüber den Wörtern, die wir verwenden, um es zu bezeichnen. Die Sprache erzeugt ein falsches Selbstverhältnis, das nicht notwendigerweise die Wahrheit des Erlebten verändert.

Dieses Buch soll dazu beitragen, den Abstand zwischen den Wörtern und den Dingen zu beseitigen. Es hängt also mit einer bestimmten Ethik der Theorie als Praxis zusammen, die nicht darin besteht, die Wörter, die im sozialen Feld zirkulieren und die die Leute verwenden, gutzuheißen, sondern darin, die spontanen Sprachpraktiken in Frage zu stellen, um das thematisieren zu können, was sich ohne das Wissen der Akteure – im Verborgenen und ohne Rücksicht auf die Wörter, die sie verwenden – vollzieht.

Anders gesagt, man wird niemals die Gültigkeit einer Begrifflichkeit begründen können, indem man die Tatsache anführt, dass Akteure sie im realen Leben verwenden und dass sie sie gebrauchen, wenn sie von sich sprechen. Dass man sich auf diese Wörter beruft, heißt nicht, dass sie wahr sind. Das ist nur der Beweis dafür, dass wir als Subjekte innerhalb eines gegebenen Diskursuniversums geboren werden und dass wir, um unser Leben und Tun zu denken, auf die Sprache zurückgreifen, die uns zur Verfügung steht. Man bräuchte nur die – letztlich banale – Tatsache in Betracht zu ziehen, dass wir dazu neigen, unser Dasein im Modus der Lüge zu erfassen und wiederzugeben.

Unterhalb der Sprache

Die Rolle des Theoretikers besteht oft darin, die sedimentierten Kategorien des Diskurses und die spontanen Formen des Bewusstseins in Frage zu stellen, die nicht das beschreiben, was ist, sondern das Subjekt dazu leiten, sein Leben verfälscht zu erleben. Das heißt auch, um dem eine weitere Dimension hinzuzufügen, die Frage der Sprache und des Bewusstseins zu stellen. Wenn man zu sehr an die Macht der Wörter glaubt, wenn man annimmt, dass die Sprache die Erfahrung konstruiert, dann zerstört man eigentlich die Möglichkeit einer Reflexion, die etwas anderes als eine Bestätigung etablierter Ideologien ist. Da die Kategorien nach dieser Auffassung die Erfahrung formen, beschränkte sich die Rolle der Theorie darauf, diese Kategorien zu beschreiben und zu berichten, wie die Akteure sie handhaben. Doch wenn umgekehrt die Sprache falsch ist, dann eröffnet sich ein Raum für eine entmystifizierende Theorie, deren Funktion darin besteht, die Kluft zwischen dem zu erhellen, was die Leute sagen und denken, und der Wahrheit dessen, was sie sind und tun.

In *Die Verdammten der Erde* legt Fanon eine Reflexion über den Unterschied zwischen der Funktionsweise der Macht in Kolonialgesellschaften und in kapitalistischen Gesellschaften dar, die es ermöglicht zu veranschaulichen, worum es geht. Er behauptet, dass beide Gesellschaften von Unterdrückungssystemen durchzogen sind. Aber diese Systeme funktionieren unterschiedlich und organisieren unterschiedlich das Verhältnis derer, die diese Systeme erdulden, zu ihnen. In der Kolonialwelt ist das Verhältnis der Individuen zur Gesellschaftsordnung und der Gesellschaftsordnung zu den Individuen durch Gewalt geprägt. Es ist eine Welt mit zugewiesenen Plätzen, Grenzen, Trennungen – „die kolonisierte Welt ist eine zweigeteilte Welt" –, und die „Trennungslinie" wird von den Kasernen und Polizeiposten markiert.[23] Der Kolonisierte steht in direktem Bezug zu Gendarmen und Soldaten, die ihn mit „Gewehrkolbenschlägen" und „Napalmbomben" an seinen Platz verweisen. Zwischen den Individuen und der Ordnung gibt es keine Vermittlung. In kapitalistischen Gesellschaften geschieht die Anweisung der Individuen an ihre Plätze auf andere Weise. Hier entfalten sich die Mechanismen nicht mit offener Brutalität und man bekennt sich nicht zur Gewalt. Hier laufen Verleugnungsprozesse ab. Der Bezug zur Ordnung verläuft über eine ganze Reihe von insbesondere kulturellen und schulischen Vermittlungen: „In den kapitalistischen Ländern schiebt sich zwischen den Ausgebeuteten und der Macht eine Schar von Predigern und Morallehrern, die für Desorientierung sorgen."[24] Sie schaffen um die Ausgebeuteten eine „Atmosphäre der Unterwerfung und Entsagung, welche den Ordnungskräften ihre Arbeit beträchtlich erleichtert." Die Kultur, die Schule, die Religion, die Bildung schaffen „ästhetische Formen des Respekts der etablierten Ordnung" und die Individuen nehmen die ihnen in der Gesellschaftsordnung zugewiesene Position an, ohne direkten Kontakt mit den Ordnungskräften haben zu müssen – sie nehmen sie fast von allein ein.

Diese Analyse der Kultur als Vermittlerin macht deutlich, dass der Theoretiker die Art und Weise, wie Individuen das, was sie erleben, erfahren, nicht als gegeben hinnehmen darf. Es gibt keine spontane oder eigene Erfahrung. Das, was die Individuen als „ihre" Erfahrung verspüren, ist oft nichts anderes als die Art und

Weise, wie die Macht uns eine bestimmte Anzahl von Reaktionsweisen auf das, was uns geschieht, einbläut.

Es herrscht – vor allem an amerikanischen Universitäten – die verquere Auffassung vor, dass es unangemessen ist, den Aussagen von Akteuren zu widersprechen, weil eine solche Haltung ihnen Gewalt antäte. Doch in Wirklichkeit unterschlägt diese Vorannahme, dass es keine reine Erfahrung gibt und dass soziale und epistemologische Gewalt befreiend sein kann, wenn sie es ermöglicht, sich von lügnerischen und eingefahrenen Diskursen zu befreien, die, ob man es will oder nicht, oft den Rahmen für das eigene Denken vorgeben.

Die Rolle der Objektivierung besteht darin, das zu bezeichnen, was hinter den kulturellen Ideologien und ihrer ungeachtet die Wirklichkeit gelebter Leben ausmacht. Die Zuweisungslogik ist in allen Gesellschaften am Werk und in allen Gesellschaften gründet sie auf einem Zwangsakt und einem Kräfteverhältnis. Die Ordnung weist den Individuen Plätze und Positionen gewaltsam und willkürlich zu. Doch diese Wirklichkeit wird in kapitalistischen Gesellschaften durch ideologische Mystifizierungen verschleiert, durch die „ästhetischen Formen“, denen Agenten sich einordnen und die bewirken, dass Letztere das, was in den Bereich eines Zuweisungsmechanismus fällt, als das Ergebnis einer freien Entscheidung oder einer persönlichen Vorliebe erleben. Wie Didier Eribon sagt,

> droht jede Soziologie oder Philosophie, die den Standpunkt der Akteure oder den Sinn, den sie ihren Aktionen beimessen, in den Mittelpunkt stellt, zur bloßen Mitschrift jener unreflektierten Beziehungen zu werden, die die sozialen Agenten zu ihren eigenen Praktiken und Wünschen unterhalten, zu einer simplen Fortschreibung der Welt, wie sie ist, zu einer Rechtfertigungsideologie der bestehenden Verhältnisse[25].

Die kulturellen Formen verändern nicht die Wirklichkeit. Sie trüben unsere Wahrnehmung und unterstützen die Selbstmystifizierungsformen. Die Brutalität der Welt entfaltet sich unabhängig von der Sprache, sodass die Wahrheit über die Welt und das Subjekt zu sagen darin besteht, sie unterhalb der Sprache zu suchen, während spontaner Glaube an die Sprache, der zu sehr respektiert, was die Leute „über ihre Erfahrung sagen“, uns dazu verurteilen würde, an der Reproduktion mystifizierender Wahrnehmungsformen teilzunehmen und die Theorie zu einer Helferin der Ordnungskräfte zu machen.

II. Die Reduktion der Politik auf das, was sie ist

1. Die Autonomie der Politik

Man hätte vielleicht erwartet, dass eine Untersuchung der Politik nacheinander eine Reihe von klassischen und deutlich abgegrenzten Fragen thematisiert: die Rechtssysteme, das Gesetz, den Widerstand und die Staatbürgerschaft. Doch eine allgemeine Kritik des Bewusstseins in Angriff zu nehmen, erfordert in Wirklichkeit eine zusätzliche Operation. Man muss zu den Konstruktionsprinzipien unseres Verhältnisses zur Politik selbst zurückgehen.

Das Dasein einer in unserer Sprache so wirkmächtigen mythologischen Logik ist vielleicht die Folge der Konstitution dieses Erfahrungsbereichs. Unsere Beziehung zur Politik steht nämlich mit einem Diskursuniversum in Verbindung, dessen Herausbildung und Äußerungsvollzug auf einer sonderbaren Voraussetzung beruhen: die Voraussetzung, dass die im Bereich der Politik agierenden Entitäten nicht dieselben seien wie diejenigen, die in anderen Bereichen des Lebens am Werk sind.

In unserem Sprachgebrauch gibt es einen Kipppunkt, der auftaucht, wenn wir beginnen, von Politik zu sprechen: Wir verwenden dann plötzlich Wörter, Argumentationen und Begriffe, die nur für diese Interaktions- und Erfahrungssphäre gültig sind. Wir greifen auf einen Wortschatz zurück, der in keiner anderen Sphäre unseres Lebens Anwendung findet: Staatsbürgerschaft, das Volk und seine Interessen, Volkssouveränität, Staatswesen, Legitimität, Gemeinwille, kollektive Deliberation, Gemeinwohl … Anders gesagt, wir halten es für gesichert, dass „die Politik" existiert, dass ein Teil unseres Daseins sich auf einer bestimmten Ebene abspielt, die „die Politik" heißt.

Jacques Derrida behauptet in *Das Tier, das ich also bin*, dass über die Gegensätze hinweg und trotz des Anscheins ihrer Gegnerschaft

Descartes, Heidegger und Levinas in Wirklichkeit darin übereinstimmen, dass ihre Theorie des Eigentlichen des Menschen auf der Ausschließung des Tiers beruht und dass Menschsein immer bedeute, kein Tier zu sein.[26] Man könnte genauso gut sagen, dass die politischen Philosophen jenseits ihrer Meinungsverschiedenheiten oder vielmehr obwohl sie so tun, als würden sie einander widersprechen, einen sie vereinenden Punkt miteinander teilen: Sie konstruieren ihren Diskurs auf der Abstraktion der Politik vom Rest der Welt – auf der Ausschließung dessen, was sie „Soziologismus", „Ökonomismus", „Moral" nennen. Die politische Philosophie definiert sich als Disziplin durch ihren Anspruch, die Besonderheit der Politik als Besonderheit eines Wirklichkeits-, Handlungs- und Erfahrungsbereichs zu bestimmen. Sie versucht nicht, die politischen Institutionen als Teil des Spiels sozialer Kräfte und ihrer Konflikte zu begreifen, sondern im Gegenteil, sie autonom zu machen. Das für unseren politischen Diskurs konstitutive Vorurteil kann mit dem Ausdruck *Autonomismus* bezeichnet werden.

Unterscheidung

Einer der Texte, die mit größter Deutlichkeit veranschaulichen, inwiefern der Gründungsmoment einer Theorie, die sich als politische Theorie darstellt, in einer Konstruktion der Politik als einer autonomen Sphäre besteht, findet sich bei Carl Schmitt.

Die Definition der Politik erfordert es, Schmitt zufolge, die ihr eigentümliche Unterscheidung freizulegen, die sich nicht mit moralischen, ästhetischen, ökonomischen oder religiösen Kategorien überlappen darf. Die Politik wäre ein Bereich mit eigenständigen Kriterien. Und der Widerpart zu jedem echten Politikverständnis fände sich in den Versuchen, die Politik auf etwas anderes als sie selbst zu reduzieren und ihr eine, wie Schmitt sagt, heteronome Sprache aufzuerlegen.

> Eine Begriffsbestimmung des Politischen kann nur durch Aufdeckung und Feststellung der spezifisch politischen Kategorien gewonnen werden. Das Politische hat nämlich seine eigenen Kriterien, die gegenüber den verschiedenen, relativ

selbständigen Sachgebieten menschlichen Denkens und Handelns, insbesondere dem Moralischen, Ästhetischen, Ökonomischen in eigenartiger Weise wirksam werden. Das Politische muß deshalb in eigenen letzten Unterscheidungen liegen, auf die alles im spezifischen Sinne politische Handeln zurückgeführt werden kann. Nehmen wir an, daß auf dem Gebiet des Moralischen die letzten Unterscheidungen Gut und Böse sind; im Ästhetischen Schön und Häßlich; im Ökonomischen Nützlich und Schädlich oder beispielsweise Rentabel und Nicht-Rentabel. Die Frage ist dann, ob es auch eine besondere, jenen anderen Unterscheidungen zwar nicht gleichartige und analoge, aber von ihnen doch unabhängige, selbständige und als solche ohne weiteres einleuchtende Unterscheidung als einfaches Kriterium des Politischen gibt und worin sie besteht. Die spezifisch politische Unterscheidung, auf welche sich die politischen Handlungen und Motive zurückführen lassen, ist die Unterscheidung von Freund und Feind. Sie gibt eine Begriffsbestimmung im Sinne eines Kriteriums, nicht als erschöpfende Definition oder Inhaltsangabe.[27]

Identisch

Die Eingrenzung einer spezifischen Identität „der Politik", die sich bei Carl Schmitt vollzieht, findet sich in fast homologen Formen bei Autoren, die ihm dessen ungeachtet radikal widersprechen. Man denke zum Beispiel an Jürgen Habermas, wenn er Max Weber in *Faktizität und Geltung* wegen seines „Soziologismus" kritisiert. Weber leugne die spezifische, deliberative und rationale Dimension politischer Beziehungen, indem er die politischen Beziehungen in die sozialen Machtverhältnisse einschreibt. Habermas beschuldigt Weber, den Normativität des rationalen Rechts zu „untergraben", insofern er das Recht auf nichtrechtliche Logiken und die Problematik des Staats auf die Herrschaftsproblematik reduziere.[28] Man kann auch die Arbeiten von Chantal Mouffe und Ernesto Laclau erwähnen, die auf derselben Annahme gründen, nämlich dass die Politik keine Fortführung des Spiels der sozialen Kategorien sei. Die Konstruktion der Kategorie „Populismus" wurzelt in der Überzeugung, dass eine politische Theorie kollektiver Identitäten die Einführung einer Realitätsebene voraussetzt, die sich von der Ebene sozialer Zugehörigkeiten und Kämpfe unterscheidet und dass die Konstruktion eines politischen Subjekts sich auf Operationen stützt, die sich von den Operationen der Konstruktion eines sozialen Subjekts oder einer sozioökonomischen Gruppe unterscheiden. Wer „politisch" sagt, würde „Konstruktion einer Kollektividentität", die jede feste soziologische Identität übersteigt, und würde somit Autonomie der politischen Logik und des politischen Wortschatzes gegenüber dem Sozialen sagen.[29]

In *Agonistik* erkennt Chantal Mouffe übrigens an, mit Carl Schmitt darin übereinzustimmen, dass es notwendig ist, ein dem Politischen eigenes Regime zu denken. Sie behauptet ebenso, dass die Gesamtheit ihrer Theorie der radikalen Demokratie im Gegensatz zu den von Rawls oder Habermas angebotenen Demokratiemodellen steht, weil diese keine eigentlich politische Konzeption der politischen Verhältnisse böten, sondern eine ethische oder moralische. Mit anderen Worten, sie erhebt dieselbe Forderung wie Habermas und Rawls – nämlich die Politik auf nichts anderes als sie selbst zu reduzieren und ihre Besonderheit zu denken –, aber sie wendet diese Geste gegen Habermas und Rawls selbst, deren Werke ein unzureichendes Bild der Politik zeichneten, das ihrer Autonomie nicht gerecht würde. Es ist kein Zufall, dass das Buch *Agonistik* den Untertitel „*Die Welt politisch denken*" trägt.[30]

Agamben in der Tradition

Der Glaube an die Existenz einer der Politik spezifischen Ebene ist so prägend, dass sogar ein Autor wie Giorgio Agamben, dessen Projekt doch beansprucht, die Kategorien der Politik zu dekonstruieren, nicht daran denkt, sie in Frage zu stellen. Er stellt sie an den Anfangspunkt seiner Untersuchung. Ganz am Ende von *L'uso dei corpi*[31], dem Werk, das die zwanzigjährige Reflexion von *Homo sacer* abschließt, erinnert Giorgio Agamben daran, dass sein Ehrgeiz darin bestand, die Politik einer Archäologie zu unterziehen. Es handelte sich weder darum, diesen oder jenen politischen Begriff oder diese oder jene Institution zu kritisieren oder zu korrigieren, sondern das ans Licht zu bringen, was die Grundlage dieses Diskurs- und Praxisraums ausmacht. Agamben nennt das „die originäre Struktur der Politik"[32] freilegen. Doch diese Formulierung ist problematisch. Die Arbeit, die versucht, „das freizulegen, was die originäre Struktur der Politik bildet", setzt die Existenz eines eigenen Bereichs – mit dem Namen „die Politik" – voraus, dessen Abgrenzung im Vorhinein gegeben ist und dessen tatsächliches Bestehen und Umrisse Agamben nie in Frage stellt. Sicher, es gibt das Gesetz, es gibt den Staat, es gibt die Polizei, doch warum sollten unsere Beziehungen zu diesen Institutionen anderer Natur sein als unsere Beziehungen zu Unternehmen, zum Markt, zur Familie usw.? Warum sollten die Mächte, die sich in ihnen entfalten, eine andere Form haben als die, denen wir in anderen Sphären gegenüberstehen? Aus welchen Gründen sollten politische Beziehungen eine Singularität gegenüber allen interindividuellen und alltäglichen Formen darstellen?

Ich sage nicht, dass der Versuch, eine Unterscheidung zwischen dem Politischen und dem Nicht-Politischen zu machen, als solcher notwendigerweise illegitim sei und ein Projekt zum Irrtum verurteile (obwohl, wer weiß!). Aber diese Grenze kann nicht postuliert und als Grundlage, die die Entfaltung der rationalen Untersuchung vorprägt, vorausgesetzt werden. Die Rechtfertigung dieser Konstruktion muss notwendigerweise einen Bestandteil des Projekts ausmachen, denn sonst stutzt man sich die Welt auf ideologische Weise im Vorhinein zurecht und macht diese ideologische Voreinteilung, von der nichts garantiert, dass sie nicht auf einer Mystifizierung oder Illusion beruht, zum Ausgangspunkt seiner Überlegungen.

Indem Agamben die Vorstellung eines eigenen Bereichs der Politik seinem Werk zugrunde legt, verurteilt er sein Denken dazu, sich von äußeren Elementen beeinträchtigen zu lassen. Trotz seines Ehrgeizes, die politische Sphäre und ihre Grundelemente zu objektivieren, bringt er mystische Bilder der Macht in Umlauf: Er verwendet Wörter und Begriffe, auf deren Gebrauch wir verzichten sollten. Das kommt besonders in seinem Buch über Hobbes und den Bürgerkrieg zum Ausdruck, wo er für die Beschreibung des Staats, des Gesetzes und der politischen Subjekte Kategorien wie „Menge", „Volk", „Verfassung" oder „Souveränität" benutzt, ohne sich über die Gültigkeit solcher Begriffe oder über ihre operativen Eigenschaften Gedanken zu machen.[33]

Die Verwurzelung von Agambens Reflexion im traditionellsten Dispositiv der Theorie erklärt, warum sein Denken, anstatt „die originäre Struktur der Politik zu dekonstruieren", im Gegenteil mit einem anderen Vokabular die klassischsten Wahrnehmungen fortschreibt. Agamben veranschaulicht exemplarisch, wie groß der Fluch ist, der auf uns lastet, wenn wir über Politik sprechen, und der sogar die Autoren, die kritische Verfahren zum Leben erwecken möchten, dazu führt, trotz allem Gefangene eines Wortschatzes, einer Sprache und einer Denkform zu bleiben, die problematisch sind, sowie eine mythologische Wahrnehmung der Tatsachen und eine mystifizierende Weise, über Institutionen zu sprechen, aufrechtzuerhalten.

L'uso dei corpi zum Beispiel endet mit dem Versuch, die Gestalt zu denken, die eine neue Art von politischer Aktion – Agamben nennt sie destituierend – annehmen könnte. Er behauptet, dass die politische Aktion weitgehend im Modus der konstituierenden Macht gedacht und praktiziert worden ist. Politisches Handeln bedeutet Konstituieren einer Macht. Doch diese Art der Konstitution beinhaltet auch, dass die Macht die Kraft der sie konstituierenden Aktion vereinnahmen wird, damit die Aktion nicht die Möglichkeit hat, sich der Macht zu entziehen, sie aufzulösen oder etwas anderes zu konstituieren – sodass diese Kraft sich im Augenblick ihrer Erfüllung von sich selbst trennen wird. Die Revolution, in deren Verlauf die konstituierende Kraft sich von der konstituierten Macht zurückzieht, stelle demgegenüber den umgekehrten Vorgang dar. Agamben versucht, eine politische Aktion zu denken, die dem Konstitutionskreislauf entkommt. Er ruft zur Ausarbeitung einer Aktionsform auf, die sich in Form einer destituierenden Kraft dort entfaltet, wo die Revolution als Rückzug und Rekonstitution, als Disartikulation und Reartikulation uns in Vereinnahmungszyklen einsperrt: Anstatt mit dem zu brechen, wogegen sie sich wendet, führt sie instituierte Formen fort und reproduziert den Teufelskreis von Konstitution, Aneignung der konstituierenden Kraft und Notwendigkeit einer neuen Konstitution.

Ist eine Revolution anders als im Modus der Rekonstitution möglich? Der Begriff der destituierenden Kraft dient dazu, diese Möglichkeit zu denken. Dem traditionellen Spiel der Politik setzt Agamben die Gestalt des Nichtstuns, der Niederlegung, der Blockade und der Aktion entgegen, die die politischen Beziehungen destituieren und absetzen würde, um uns in ein anderes Zeitalter zu führen.

In Wirklichkeit wiederholt dieses Projekt klassische Schemata. Die Vorstellung von konstituierender Kraft und destituierender Macht reaktiviert letztlich die Vorstellung, dass die Institutionen, in denen wir leben, auf subjektiven Grundlagen beruhen (als würde es, um sie zu destituieren, genügen, dass wir ihnen unsere Zustimmung entziehen), was im Grunde auf eine Neuformulierung der Vertragstheorie hinausläuft. Wichtiger ist aber, dass das, was Agamben in der Form des Kreislaufs von Konstitution und Vereinnahmung beschreibt, in der politischen Theorie immer als jener Prozess gedacht worden ist, in dem die „Volkssouveränität" sich vom „Staat" zurückzieht und die aktuelle „Regierung" preisgibt, um eine neue zu konstituieren. Die Rechtstheorie wird geradezu von dem Problem heimgesucht, dass die Volkssouveränität ein Regime instituiert, aber die Möglichkeit behält, sich vom Staat zurückzuziehen und die aktuelle Regierung aufzugeben, um eine neue zu konstituieren. Und vielleicht lässt sich die Wirkung, die Agamben auf bestimmte Sektoren der sogenannten radikalen Politik ausübt – die weitgehend vom weißen Kleinbürgertum beherrscht wird und dessen paradigmatisches Beispiel das Unsichtbare Komitee ist –, dadurch erklären, dass seine Schriften konservativen Denkformen einen subversiven Anstrich geben, insofern sie sich damit begnügen, die traditionellste Reflexion in eine andere Sprache zu übersetzen – was das philosophische Äquivalent zur politischen Praxis jener Gruppen ist, die die bürgerlichen Formen des Weltbezugs als radikal ausgeben (Rückzug, Klassendünkel gegenüber Aktivismus und Gewerkschaften, Kleinunternehmertum, Lobeshymnen auf das wahre Leben im Gegensatz zur Perversität der modernen Welt und Technik).

Tatsächlich gibt es Augenblicke, in denen Agamben sich bewusst wird, dass Kategorien wie Volk, Verfassung, „wir", Bürgerschaft, Legitimität, Souveränität und die Erzählungen, die ihnen zugrunde liegen, weit von der Realität entfernt sind. Doch statt auf sie zu verzichten, wird seine Reflexion zu einer Form des Nachdenkens über die Kluft zwischen der Wirklichkeit und diesen Kategorien, über ihre Nicht-Verwirklichung, ihre Unangemessenheit, ihre Unvollständigkeit. Man kann hierin die Bestätigung dafür zu sehen, dass wir es tatsächlich mit einer Logik zu tun haben, die man mythologisch nennen kann, weil sie kein Außen hat: Sie lässt sich von dem, was ihre Gültigkeit in Frage stellt, nicht erschüttern, es vermag nicht, ihre Entwicklung zu unterbrechen, sondern wird von ihr absorbiert.

Wahrscheinlich hat Agamben deshalb zwei Begriffe ins Zentrum seines Werks gestellt, die sich an der Grenze dessen befinden, was er die politische Sphäre nennt: den Ausnahmezustand und den Bürgerkrieg.

Ich möchte mich hier auf den „Bürgerkrieg" beschränken. In seinen Analysen erklärt Agamben, dass er den Bürgerkrieg zum Gegenstand nimmt, weil er sich in einem „Bereich der Ununterscheidbarkeit zwischen dem unpolitischen Raum der Familie und dem politischen des Gemeinwesens"[34] befindet. Anders gesagt, der Begriff des „Bürgerkriegs" ermöglicht es, die Aktions- und Beziehungsformen zu erfassen, die sich der Einteilung in politisch/privat und Gemeinwesen/Familie entziehen. Es geht um die Schwelle der Ununterscheidbarkeit, auf der das Politische und das Unpolitische zusammenfallen. Der Bürgerkrieg „markiert […] eine Schwelle der Ununterscheidbarkeit, vermittels deren das Unpolitische sich politisiert und das Politische ‚ökonomisiert'"[35]. Hier liegt der wesentliche Punkt: Das Interesse an der Form des Bürgerkriegs führt Agamben dazu, zu erfassen, dass es letztlich keine politische Substanz gibt:

> Die Politik *ist ein Feld, das unablässig von den polaren Spannungen der Politisierung und der Entpolitisierung*, der Familie und des Gemeinwesens durchzogen wird.

Die Spannung zwischen diesen beiden entgegengesetzten Punkten, die voneinander getrennt und doch aufs engste verbunden sind, ist […] unauflöslich.[36]

Die Frage, die sich nunmehr stellt, ist folgende: Welchen Nutzen hat es, Kategorien zu setzen, „die Politik“ und „die Familie“, *polis* und *oikos* einander entgegenzusetzen, wenn man im Anschluss feststellen muss, dass die Wahrheit sich ihnen entzieht, sodass es nötig ist, einen dritten Begriff hinzuzufügen (Bürgerkrieg), um die Wirklichkeit denken zu können? Anstatt davon zu sprechen, dass es nur Strömungen der Politisierung und Entpolitisierung gibt, die sich der „politischen Substanz“ nähern oder sich von ihr entfernen, ohne sie jemals vollends erreichen zu können, wäre es da nicht angemessener zu sagen, dass das, was Agamben „Politik“ nennt, nicht existiert und dass man besser andere – aussagekräftigere – Begriffe suchen sollte, um von dem zu sprechen, was existiert, anstatt sich damit zu begnügen, die Dinge unter dem Aspekt ihrer Nicht-Entsprechung mit einer Form zu charakterisieren, die – nicht existiert?!

2. Vom Monismus zum Reduktionismus

Man könnte die Sache folgendermaßen ausdrücken: Unser politisches Denken vollzieht sich im Modus einer Erkenntnisform und eines Diskussionsfeldes, die gerade in ihrer Konstitution die autonome Existenz von so etwas wie „die Politik" voraussetzen. Die Autoren, die sich im Feld bewegen, das man „politische Philosophie" nennt, unterscheiden sich in der Art und Weise voneinander, wie sie diese Autonomie konstruieren, wie sie sie fordern, welche Unterscheidungsmerkmale sie für die Politik im Hinblick auf Wirtschaft, Moral, Soziologie, Ethik usw. ausarbeiten ... Diese Philosophie tritt immer dann auf, wenn ein Diskurs auf das Gesetz, den Staat oder auf uns selbst als Subjekte Bezug nimmt, indem er sich auf ein abstraktes Politikverständnis stützt. Das erklärt, warum dieser Diskurs seine eigenen Wörter hat, dass er über Begriffe verfügt, die nur in seinem Rahmen und in Bezug auf seine Gegenstände stichhaltig sind, die wir aber niemals für andere Aspekte unseres Daseins verwenden: Volk, Gemeinschaft, Souveränität, Demokratie, Bürger. Mit anderen Worten, es läuft alles so ab, als ob eine Art Zauber in der Welt wirkte und das „Soziale" verschwände, wenn „die Politik" erscheint. So, als ob in diesem Augenblick alles anders würde: Wir wären nicht mehr Individuen, die soziale Eigenschaften haben und von Interessen geleitet wären, sondern Bürger oder Vernunftwesen innerhalb eines Volks; die Sprache wäre kein Werkzeug innerhalb des Spiels der Herrschaft mehr, sondern ein Werkzeug der Diskussion; zwischenmenschliche Beziehungen wären keine Kräfteverhältnisse und keine kriegerischen Beziehungen mehr, sondern plötzlich interindividuelle Beziehungen der Diskussion und der Deliberation.

Doch warum sollten unsere Verhältnisse zum Staat und zum Gesetz von anderer Natur sein als unsere Verhältnisse zu anderen Institutionen des sozialen Lebens? Warum sollten die Machtbeziehungen, die sich im Staat und durch den Staat bilden, einer anderen Ökonomie unterliegen als andere Machtbeziehungen? Warum sollte unser Bezug zur Sprache von einem Zwangsverhältnis zu einem Deliberationsverhältnis werden, sobald wir „politische" Themen behandeln oder rechtliche Überlegungen anstellen, wie Habermas[37] manchmal anzudeuten scheint?

Wir alle stehen täglich in vielerlei Beziehungen zueinander. Alle diese Beziehungen sind durch Institutionen und symbolische Rahmenbedingungen vermittelt: Warum sollten sich die Modalitäten meiner Beziehungen zu anderen plötzlich ändern, wenn ich wählen gehe oder auf andere Weise politisch tätig werde? Aus welchen Gründen sollten sich die interindividuellen Beziehungen verwandeln, wenn sie etwas zum Gegenstand oder als Bühne hätten, das man „die Politik" nennt? Die Zuordnung von Institutionen wie Wahl, Staat, Gesetz und Recht zu einem einzigen Bereich, der „die Politik" hieße und der der „Politikwissenschaft" oder der „politischen Philosophie" unterläge, setzt voraus, dass diese Institutionen aus ein und derselben Logik hervorgehen. Doch inwiefern sollte das der Fall sein? Warum sollte die Wahl nicht dem Bereich des Unternehmens näherstehen als der Demonstration?

Monismus

In der Einleitung zu seinem Buch *Der ökonomische Ansatz zur Erklärung menschlichen Verhaltens* formuliert der Ökonom Gary Becker eine Reihe von Argumenten, die die Notwendigkeit rechtfertigen, die erzählerischen Konstruktionen in Frage zu stellen, die die Politik aus dem Spiel der gesellschaftlichen Kräfte herauslösen. Es geht hier nicht darum, Beckers Welt- und Menschenbild zu bestätigen, sondern sich auf seine Denkweise zu stützen, um in analoger Weise etwas auszuarbeiten, das ich vorschlage, *eine reduktionistische Theorie* zu nennen.

Gary Becker hat mit *Der ökonomische Ansatz zur Erklärung menschlichen Verhaltens* eine Revolution in der Wirtschaftstheorie vollzogen, indem er behauptet hat, dass die disziplinäre Trennung zwischen Ökonomie und Sozialwissenschaft sowie die Aufteilung der diesen Wissenschaften eigentümlichen Gegenstände nicht stichhaltig sind.

Die traditionelle Unterscheidung zwischen „ökonomischen" Gegenständen, die einem rationalen Zugang unterliegen, und anderen Gegenständen oder Bereichen des Lebens (Affekten, Leidenschaften, Liebe, Drogen), die rationalen Überlegungen nicht zugänglich und durch Entscheidungen gekennzeichnet seien, die sich anderen Analyseverfahren verdanken, ist nicht aufrechtzuerhalten: Wenn der Mensch rational ist, dann ist er es immer. Er hört nicht spontan damit auf, wenn er sich auf andere Gegenstände als auf Geld oder Arbeit bezieht. Wenn der Mensch also im Bereich von Arbeit und Geld einer an Rationalität und Maximierung ausgerichteten Analyse unterzogen werden kann, dann auch in allen anderen Bereichen seines Lebens. Es gibt einen Verhaltensmonismus, der uns dazu nötigt, die Trennung zwischen ökonomisch und nicht-ökonomisch abzulehnen.

Eine kohärente Sozialwissenschaft muss monistisch sein. Gary Becker schreibt:

> Der Kern meines Arguments ist, daß menschliches Verhalten nicht schizophren ist: einmal auf Maximierung ausgerichtet, einmal nicht; manchmal durch stabile Präferenzen motiviert, manchmal durch unbeständige; manchmal zu einer optimalen Akkumulation von Informationen führend, manchmal nicht. Alles menschliche Verhalten kann vielmehr so betrachtet werden, als habe man es mit Akteuren zu tun, die ihren Nutzen, bezogen auf ein stabiles Präferenzsystem, maximieren und sich in verschiedenen Märkten eine optimale Ausstattung an Information und anderen Faktoren schaffen.[38]

Becker führt weiter aus:

> In der Tat bin ich zu der Auffassung gekommen, daß der ökonomische Ansatz so umfassend ist, daß er auf alles menschliche Verhalten anwendbar ist, sei es nun Verhalten, das monetär meßbar ist oder unterstellte ‚Schatten'-Preise hat, seien es wiederkehrende oder seltene Entscheidungen, seien es wichtige oder nebensächliche Entscheidungen, handele es sich um emotionale oder nüchterne Ziele, reiche

oder arme Menschen, Männer oder Frauen, Erwachsene oder Kinder, kluge oder dumme Menschen, Patienten oder Therapeuten, Geschäftsleute oder Politiker, Lehrer oder Schüler.[39]

Der Mensch ist kein in Abteile eingeteiltes Wesen, das in seinem ökonomischen Handeln einem ökonomischen Denken folgen und in den anderen Bereichen seiner Existenz vielmehr sozialen, moralischen, politischen, psychologischen, ethischen usw. Werten gehorchen würde. Er ist ein einheitliches, kohärentes Wesen. Ein Ökonom hat daher allen Grund, ihn als ein kleines Unternehmen zu behandeln, das in jedem Augenblick versucht, seinen Nutzen unter der Bedingung der Ressourcenknappheit zu maximieren, und das Modell des Homo oeconomicus als Interpretationsraster auf alle menschlichen Tätigkeitsfelder anzuwenden: Familie, Drogen, Gefühle, Verbrechen und Strafe.

Einheit

Es ist nicht notwendig, Gary Beckers anthropologische und methodologische Postulate zu teilen, um die Gültigkeit der Intuition anzuerkennen, die er entwickelt: Eine Gesellschaftstheorie kann nur monistisch sein. In Bezug auf unser Thema heißt das: Jede Methode, die die Kategorien der Politik autonom macht, steht vor einem epistemologischen Problem: Sie akzeptiert, dass menschliche Handlungen und zwischenmenschliche Beziehungen ihr Wesen und ihre Form verändern, sobald sie die Politik betreffen. Eine solche Ausnahmestellung und die Annahme, dass sich zwischenmenschliche Beziehungen, wenn es um so etwas wie den Staat, das „Leben in Gesellschaft“ oder das „Gemeinwesen“ geht, schlagartig ändern, sind nun aber durch nichts gerechtfertigt. Es ist viel überzeugender, davon auszugehen, dass politische Institutionen Teil der Dispositive des Lebens und in die sozialen Beziehungen eingetaucht sind und dass man sie also mittels einer gewöhnlichen Beobachtungssprache benennen und denken sollte. Die handelnden Entitäten im sogenannten politischen Raum sind dieselben wie die Entitäten, die in dem Raum handeln, der öffentlich oder sozial und privat genannt wird. Die „politische“ Theorie ist ein Teilbereich einer Theorie der Macht und sozialer Interaktionen.

3. Die Politik als leerer Signifikant

Vielleicht lassen sich die Sackgassen, in die jede autonomistische Methode sich verläuft, und die Notwendigkeit, eine reduktionistische Methode auszuarbeiten, am besten dadurch verdeutlichen, dass man jene Art von Projekt, wie Ernesto Laclau und Chantal Mouffe es verfolgen, und die Sackgassen untersucht, zu denen es in der Interpretation sogenannter politischer Phänomene unweigerlich führt.

Laclaus *On Populist Reason* ist interessant, denn es scheint sowohl von dem Projekt, um jeden Preis eine politische Theorie zu konstruieren – das heißt die Politik vom sozialen Feld abzulösen –, als auch letztlich von der Anerkennung des fiktiven Charakters einer solchen Unternehmung durchwirkt zu sein. Laclau scheint in jeder Zeile die logische Unmöglichkeit seines Versuchs auszusprechen. Die Lektüre von *On Populist Reason* erweckt den Eindruck, dass Laclau uns unaufhörlich sagt, dass ein Antagonismus zwischen dem realistischen Verständnis der Welt und dem politischen Denken der Welt besteht. Sein Festhalten an der politischen Theorie führt ihn dennoch unweigerlich dazu, Fiktionen zu erfinden, um seine Ausgangshypothese zu retten.

On Populist Reason gründet auf der Behauptung, dass es im sozialen Feld ein Ensemble von Kämpfen gibt, die irreduzibel sind und deren Irreduzibilität gewahrt bleiben muss: Die Linke darf keine paradigmatische Einheit wiedererrichten, sie muss alle Fragen in ihrer Pluralität akzeptieren und sowohl die vom Marxismus geerbten Fragen als auch die der „neuen Sozialbewegungen" anerkennen. Das, was man die Gesellschaft nennt, besteht aus einer Vielfalt von Identitäten, Gruppen und Kämpfen. Es gibt unterschiedlichste soziale Forderungen, und Laclau behauptet, dass die Linke in ein Artikulationsverhältnis mit all diesen Forderungen treten solle. Letztlich sollte dieser Vorschlag ausreichend sein, um eine Sprache zu erschaffen, die es ermöglicht, soziale Kämpfe und Kräfte in ihrer Unterschiedlichkeit und Immanenz zu verstehen.

Doch nicht für Laclau. Die Politik zu denken, würde bedeuten, eine Ebene einzuziehen, die einen Zusatz zu den sozialen Interaktionen bildet. Die Politik wäre jene Aktivität, in der das, was verstreut im sozialen Feld existiert, eben „totalisiert" und versammelt wird.[40] Hier kommt der Begriff des Volks ins Spiel. Dieser Begriff dient dazu, das zu denken, was nach Laclau die Verbindung heterogener Bewegungen zu einem Prozess geteilter Identifikationen ist. Die Demokratie setze die Existenz eines politischen Subjekts voraus, das sich jenseits der sozialen Subjekte verorten würde, und dieses politische Subjekt sei das Volk. Die Konstruktion einer politischen Theorie sei notwendigerweise die Konstruktion einer Theorie des Volks.[41]

Doch Laclau fügt sogleich hinzu – und hier sieht man die intrinsische Verbindung, die in unserer Moderne zwischen politischem Denken und Denken in Fiktionen besteht –, dass er sich völlig im Klaren darüber ist, dass dieses Universum, das sich zusätzlich zur sozialen Welt konstituieren würde, per definitionem *leer* ist.

Laclau erkennt an, dass die politische Subjektivität, die Gemeinschaft, die Bürgerschaft und das Volk nicht existieren. Diese Begriffe stellen ideologische Fiktionen dar, Abstraktionen von der Wirklichkeit sozialer Gruppen und Individuen. Es gibt soziale Identitäten, ausgeübte Macht, Herrschaftssysteme. Es gibt soziale Klassen, Minderheiten, Fraktionen. Aber es gibt nichts, das darüber hinausgeht. Es gibt kein Staatswesen, keinen Bürger, keine Gemeinschaft. Wir sind nichts anderes als das, was wir sind. Wir sind keine Bürger, die eine Gemeinschaft oder ein Staatswesen bilden würden. Laclau behauptet jedoch, dass es unvermeidlich sei, diese Begriffe in Anspruch zu nehmen. Als ob die Politik jener Bereich unserer Existenz wäre, zu dem wir uns nur mit Hilfe von Fiktionen verhalten könnten, von denen wir wissen, dass es Fiktionen sind.

Die politische Philosophie wird also bei Laclau (wie bei den anderen politischen Philosophen) eine Art Meditation über Entitäten, die es nicht gibt – die er leere Signifikanten nennt. Er schreibt: Die „Identifizierung mit einem leeren Signifikanten [ist] die Conditio sine qua non für die Entstehung eines ‚Volkes'"[42]. Oder auch: „Die Konstruktion eines ‚Volkes' ist die Conditio sine qua non des Funktionierens der Demokratie. Ohne die Produktion von Leere gibt es kein „Volk", keinen Populismus, aber auch keine Demokratie."[43] Und schließlich: „Demokratie beruht auf der Existenz eines demokratischen Subjekts, dessen Entstehung von der horizontalen Artikulation zwischen äquivalentiellen Forderungen abhängt. Ein Ensemble äquivalentieller Forderungen, die durch einen leeren Signifikanten artikuliert werden, ist aber das, was ein „Volk" konstituiert."[44] Ein Kapitel seines Werks lautet „Das ‚Volk' und die diskursive Produktion von Leere". Wenn man nun sagt, dass es weder „Politik" noch „Demokratie" ohne „leere Signifikanten" gibt, müsste das nicht dazu führen, anzuerkennen, dass weder „Politik" noch „Demokratie" existieren, und nicht zu dem zwanghaften Versuch, die Rolle der „leeren Signifikanten" zu verstehen? Verurteilt man sich dergestalt nicht dazu, als „politische Theorie" einen Diskurs zu bezeichnen, der mystifizierte Formen der Repräsentation des Realen reproduziert, anstatt soziale Phänomene zu objektivieren?

Identitäten

Man kann sich zuerst fragen, warum die Politik darin bestehen sollte, so etwas wie ein „Volk" hervorzubringen. Warum müssen wir uns als Bürger identifizieren, über unsere sozialen Zugehörigkeiten hinaus, wie es die Grundhypothese der Idee des linken Populismus ist? Warum denkt Laclau, obwohl er die Heterogenität der sozialen Forderungen und die Unmöglichkeit betont, sie auf eine gemeinsame Substanz zurückzuführen, dass es dennoch unabdingbar sei, sich ein Mittel auszudenken, um sie miteinander zu verbinden – selbst wenn dieses Mittel dann „Leere" genannt wird?

In *Für einen linken Populismus* behauptet auch Chantal Mouffe, dass die einzelnen Forderungen Teil einer „Äquivalenzkette" sein müssen, die „den einzelnen Forderungen ihre politische Bedeutung verleiht".[45] Nicht jedes Subjekt, das protestiert, ist ein politisches Subjekt. Ein politisches Subjekt zu sein, bedeute, sich als Bürger zu subjektivieren, der auf der Ebene der politischen Gemeinschaft jenseits seiner verorteten Zugehörigkeiten agiert.

Diese Konzeption gründet auf einer für eine politische Theorie paradoxe *Entpolitisierung* der konkreten Kämpfe und sozialen Identitäten, so wie sie in der Wirklichkeit erscheinen. Wenn das Jenseits leer ist, warum wird der Ausdruck „politisch“ dann fiktionalen Identifikationen vorbehalten? Müsste man nicht umgekehrt behaupten, dass die Politik sich auf den Moment reduziert, in dem sich Individuen in Bezug auf die Wirkungen der Macht, denen sie ausgesetzt sind, als das konstituieren, was sie sind? Ein politisches Subjekt zu sein, hieße demnach nicht zu versuchen, etwas anderes zu sein als das, was man ist, sondern vielmehr, sich in seiner Singularität (als Schwuler, Moslem, Schwarzer, Jude, Behinderter, Gefangener, Arbeiter, Frau …) hinsichtlich der erlittenen Unterdrückungen zu subjektivieren und die Machtsysteme und diejenigen zu bekämpfen, die sie aufrechterhalten. Besteht das Prinzip der Mobilisierung der Beherrschten nicht darin, besondere Interessen zu behaupten, spezifische Situationen sichtbar zu machen und Spezifisches zu fordern? Kämpfende Subjekte möchten nicht den Status des Sozialakteurs durch den des Bürgers in einem Volk eintauschen, sondern die Welt aufbrechen, sonst nichts! Wenn Individuen, die Verfolgung erdulden müssen, sich mobilisieren, dann möchten sie zum Ausdruck bringen, dass etwas nicht stimmt. Die Politik besteht nicht darin, innerhalb einer allgemeineren Einheit etwas anderes zu werden, als man ist. Doch die Akzeptanz einer solchen Definition erfordert die Anerkennung des Chaos und der Komplexität, in der wir leben, und das Schmieden eines Begriffs der Politik, der dem immanent ist, was im sozialen Feld erscheint, das heißt sie erfordert, den Begriff der Politik auf die Begriffe der Macht und der Gegen-Macht zu reduzieren.[46]

Wählen

Obwohl Laclau und Mouffe eine „politische Theorie“ ausarbeiten wollen, hindert ihre Konstruktion, die die Politik jenseits der realen sozialen Kräfte verortet, sie daran, ein Wissen über das politische Feld, seine Dynamiken und Funktionsweisen zu produzieren. Man sieht das am Beispiel der Wahl und der Interpretation des Wahlakts. In *Über das Politische* bezieht sich Chantal Mouffe auf die Untersuchung Elias Canettis über die Wahl und den Krieg in *Masse und Macht*.[47] Canetti bettet seine Überlegungen zum Wahlvorgang in eine Reflexion über den Kampf ein. Wenn Gruppen in Konflikt geraten, gebe es zwei Wege, eine Lösung des Konflikts herbeizuführen: Tod und Mehrheitsentschluss. Niemand, sagt Canetti, glaubt an die politische Theorie und an den politischen Diskurs. Niemand glaubt, dass bei einer Wahl der Weisere gewinnt. Niemand glaubt, dass der „Gemeinwille" – der Wille, den man hat, insofern man Bürger ist – triumphiert. Nur die numerisch größere Gruppe trägt den Sieg davon. Die Wahl ändert nichts an der Funktionsweise der Welt. Sie steht nicht auf einer höheren Ebene als die Logik, die sich in der Welt entfaltet. Sie ist ganz in die Kämpfe zwischen Gruppen eingetaucht.

Die Wahl ist ein Werkzeug, um Konflikte auszusetzten, es beruht auf dem gemeinsamen Verzicht auf Bürgerkrieg und darauf, sich gegenseitig umzubringen. Verliert man eine Wahl, gesteht man seine Niederlage ein. Was Gesetz genannt wird, setzt sich nicht aufgrund einer höheren Rationalität und Begründung durch, sondern ist der Wille eines anderen, der ein numerisch größeres Gewicht besitzt. Ihm nachzugeben, bedeutet keinen Akt der Anerkennung. Wir werden dazu gezwungen. Anders gesagt, unser Verhältnis zum Gesetz ist kein Verhältnis der Anerkennung und des Gehorsams, sondern ein Verhältnis der Beherrschung und des Zwangs.

Chantal Mouffe verwendet diese Reflexion, um daraus eine Art Lob des demokratischen Regimes abzuleiten, das es ermögliche, den Übergang vom Bürgerkrieg zur Politik, oder in ihrem Sprachgebrauch, die „Umwandlung des Antagonismus in Agonismus"[48] zu organisieren: Die Demokratie sei jenes Regime, das es ermöglicht, Konflikte, die keine rationale Lösung haben und die sonst durch Bürgerkrieg und den Tod des anderen gelöst würden, durch Verfahren zu lösen. Wir beginnen keinen Krieg mehr, wenn wir verlieren, wir nehmen unser Scheitern hin und unterwerfen uns, weil es den repressiven Staatsapparat gibt.[49]

Ich frage mich aber, ob man diese Theorie nicht anders verwenden sollte. Es scheint sogar in vielerlei Hinsicht, dass Mouffe dadurch, dass sie diese Stelle zitiert und in Anspruch nimmt, in ihrer Arbeit einer Sache Raum gibt, deren Logik eher dazu führen müsste, den Versuch der Gründung einer politischen Theorie in Form einer Theorie des Volks und der Demokratie in Frage zu stellen.

Wenn man sagt, dass der Unterschied zwischen Wahl und Krieg technisch ist, dass es sich um zwei Weisen der Konfliktlösung und um nicht mehr handelt, kann man dann eine politische und nichtsoziologische Lesart der politischen Operationen liefern?

Die Wahl ist das Werkzeug, mittels dessen eine Gruppe einer anderen Gruppe ihren Willen aufzwingt.[50] Es gibt eine Gewalt der Wahl und eine soziale Gewalt des Wahlakts. Er ist ein Vorgang, der darin besteht, Institutionen des Staats – also auch die Polizei – zu nutzen, um den anderen den eigenen Willen aufzuzwingen, oder falls man verliert, sich dem Willen anderer unterzuordnen. Anders gesagt, Wählen ist ein Moment des Gesellschaftskriegs: Unsere „Wahl trägt die Züge der Gewalt“, sagte Merleau-Ponty. „Tragen wir den Sieg nicht davon, dann sinnen wir bereits auf Rache.“[51]

Wie Didier Eribon in *Rückkehr nach Reims* im Hinblick auf das Abdriften großer Teile der einfachen Volksschichten zum äußeren rechten Rand zeigt, muss man, wenn man verstehen will, was bei einem Wahlgang vor sich geht, die soziale Dimension des Wahlakts – als Gruppe zu existieren und sich als Gruppe zu mobilisieren – berücksichtigen. Man muss rekonstruieren, wer zulasten von wem wählt, wer wem was aufzwingt, welches Gesellschaftsverhältnis reproduziert wird, welche Gruppe es geschafft hat, sich zu mobilisieren, um ihren Willen zum staatlichen zu machen, welche Gruppe sich der Wahl zu welchem Zweck bedient. Die Wahl ist ein Werkzeug. Sie existiert, sie ist eine Technik. Und soziale Gruppen benutzen und manipulieren sie im Rahmen des Kriegs, den sie gegeneinander führen. Wenn wir demgegenüber den Wahlakt und die Wahlverfahren durch leere Signifikanten kodieren, wenn wir die Politik als „Herausbildung eines Volks“ jenseits der sozialen Identitäten denken, dann organisieren wir unsere Blindheit gegenüber dem, was sich abspielt. Denn das, was sich abspielt, ist eben, das jemand jemandem anderen seinen besonderen Willen aufzwingt, ist die Herrschaft von Gruppen, die bestimmte Interessen verfolgen, über andere Gruppen, die andere Interessen verfolgen.

Soziale Funktionen

Diese Überlegung zur Wahl ermöglicht es, eines der Vorurteile offenzulegen, das konstitutiv für jeden Ansatz ist, der sich der politischen Episteme einschreibt. Von dem Moment an, da sich in einer Gesellschaft Spaltungen und Konflikte auftun und es kämpfende Individuen und Gruppen gibt, zeigen die Institutionen ihr wahres Gesicht, wenn sie in den Kontext der sozialen Antagonismen gestellt werden: Wie handeln sie? Zu wessen Gunsten? Inwiefern sind sie für die Fortführung oder Anfechtung der Herrschaftsverhältnisse wesentlich? Eine politische Theorie, die kein soziologisches Verständnis der Welt zum Ausgangspunkt hat, verurteilt sich dazu, sich auf ein Bild von den Institutionen zu stützen, das nicht auf ihre Wirklichkeit, sondern nur auf ihr offizielles Bild verweist, und sie wird aus strukturellen Gründen voreingenommen sein.

Das tritt zum Beispiel besonders frappierend in John Rawls *Theorie der Gerechtigkeit* zutage. Er widmet dem Problem der Strafe einen Paragraphen. Er behauptet, dass in einer gerechten und wohlgeordneten Gesellschaft, so wie er sie formalisiert, es zwar einen Strafvollzug geben muss, dass aber die Strafen nicht hart sein müssen und sogar nicht einmal verhängt zu werden brauchen, weil die Akteure die Gültigkeit der Gesetze anerkennen.[52] Eine solche Stelle gründet im Wesentlichen auf der Idee, dass die Strafe dazu dient, Vergehen oder Verbrechen zu bestrafen und ihr Auftreten zu verhindern. Allerdings haben Gesellschaftstheorien, die sich mit dem repressiven Staatsapparat befassen, eine solche Vorstellung vom Strafen widerlegt, indem sie die sozialen, rassischen und politischen Funktionen des Strafvollzugs freigelegt haben. Michel Foucault zeigt zum Beispiel, dass die Funktion des Gefängnissystems nicht im „Bestrafen“ und „Wiedergutmachen“ besteht, sondern darin, Rückfälligkeit und ein Verbrechermilieu zu erzeugen;

Michelle Alexander wiederum beschreibt, wie der Repressionsapparat und die Masseninhaftierung in den Vereinigten Staaten ein rassisches Kontrollsystem bilden, das ähnlich wie Rassentrennung funktioniert. (Sicherlich kann man Rawls nicht vorwerfen, Autoren nicht gelesen zu haben, die nach ihm veröffentlichten, aber die Reflexion über die soziale Funktion der Strafe stammt nicht aus den 1970er-Jahren, wie die Schriften Durkheims oder Rusches und Kirchheimers bezeugen, um nur sie zu nennen.) Man findet genau dasselbe Problem in Bezug auf die Wahlkämpfe und die Stimmabgabe: Rawls setzt voraus, dass diese Momente zur Wahl der vernünftigsten politischen Konzeptionen dienen.[53] Doch auch hier kann eine solche Voraussetzung nur unter Missachtung all dessen geäußert werden, was die soziologische Reflexion über die Wahl, den Wahlkampf, die Medien, die Parteien usw. zeigt.

Eine Argumentation darauf aufzubauen, dass die Wahl dazu diente, zwischen politischen Auffassungen zu wählen oder dass die Strafe dazu diente, Verbrecher zu „bestrafen", obwohl diese sozialen Techniken gar nicht dazu dienen, bedeutet, sich der Möglichkeit zu berauben, Analysen zu formulieren, die von einem beschreibenden oder kritischen Standpunkt aus gültig sind. Es bedeutet, von Institutionen zu sprechen, nach der Notwendigkeit zu fragen, sich ihrer zu bedienen oder sie zu verändern, ohne irgendetwas über ihre Rolle und Realität zu wissen. Die Argumentationen, die die Politik vom Sozialen ablösen, gründen auf einem naiven Idealismus, der ein gewisses Bild von Institutionen privilegiert und die Erkenntnis ihrer wirklichen Logik verhindert. Anstatt uns Werkzeuge zu geben, um die Welt zu verstehen oder sie zu verändern, reproduzieren sie eine mythologischen Weltsicht und verschiedene Formen der politischen Mystifizierung.

4. Wenn eine Gruppe „Wir, das Volk“ sagt

In ihrem Buch *Anmerkungen zu einer performativen Theorie der Versammlung*, das Mobilisierung und Erscheinen im öffentlichen Raum behandelt, hat Judith Butler der Frage der Berufung auf die Aussage „Wir, das Volk“ einen Artikel gewidmet.[54] Diese Berufung findet sich tatsächlich oft bei sozialen und politischen Bewegungen, die die Entscheidungen oder Grundlagen einer Regierung anfechten. Wenn wir demonstrieren, wenn bei einer Generalversammlung oder nach einer Versammlung das Wort ergriffen wird, dann kommt es nicht selten vor, dass die einschließende und totalisierende Kategorie „Volk“ oder „wir“ verwendet wird, um zu bezeichnen, was wir sind, oder was wir verkörpern wollen.

Welche Haltung soll man gegenüber Bewegungen einnehmen, die dergleichen proklamieren? Wie sind das Wesen und die Funktionsweise dieser Proklamation aufzufassen? Welche Bedeutung hat eine solche Berufung?

Butlers Text bietet eine Veranschaulichung der Wahrnehmungsweisen, zu denen die Bestätigung spontaner Kategorien der politischen Praxis führt. Denn Judith Butler lehnt nicht die Stichhaltigkeit der Kategorie „Volk“ und der Berufung auf sie ab. Sie betont natürlich die Tatsache, dass die Entität „Volk“ nicht im Voraus bestimmt werden kann. Sie ist keine Kategorie, deren Wirklichkeit vorkonstituiert und den Akteuren offensichtlich wären. Das Volk ist keine Gegebenheit, und Politik besteht nicht darin, das Leben einer Kollektiveinheit zu organisieren, deren Grenzen außerhalb der Politik lägen. Das Volk ist eine politische Konstruktion. Es ist etwas, das man hervorbringt – und demnach etwas, worum gekämpft wird: „‚Das Volk‘ ist keine festgelegte Bevölkerung; es wird vielmehr durch die von uns implizit oder explizit gezogenen Grenzlinien konstituiert."[55] Judith Butler verwendet das Verb „konstituiert". Sie sagt auch: „das wir etablieren". Mit anderen Worten, sie sieht die Kategorie Volk nicht als eine Fiktion an, sondern als eine Entität, der Wirklichkeit verliehen werden kann. Die Frage, die Versammlungen aufwerfen, würde dann darin bestehen, *wie ein Volk sich durch sie konstituiert.*

Sobald Judith Butler eine Kategorie wie „Volk" akzeptiert, führt das logisch dazu, dass sie alle traditionellen Wahrnehmungen, die der politischen Philosophie eigen sind, und die Begrifflichkeit, auf die sie sich stützt, bestätigt: Wir, Volkssouveränität, Verfassung, Legitimität … Wie nimmt sie also eine Versammlung wahr? Eine Versammlung sei ein Moment, in dem sich ein Volkswille selbst konstituiert, indem er sich von der staatlichen Souveränität trennt und eine Legitimitätskrise auslöst: Wenn die Leute sich versammeln, wenn sie Slogans singen, wenn sie „Wir, das Volk" sagen, dann würden sie „Akte der Selbstgestaltung oder Selbstkonstitution"[56] eines Volks vollziehen. Durch diese Akte können sie eine revolutionäre Veränderung in Gang setzen, wenn sie dem Staat die Volkssouveränität entziehen. Judith Butler schreibt: Die „Berufung auf das ‚Wir' [trennt] die Volkssouveränität von der staatlichen Souveränität; sie benennt und inauguriert diese Trennung immer und immer wieder. Die Pluralität bricht immer mit denen, die gewählt wurden oder deren Wahl uns fragwürdig erscheint; sie bricht auch mit einem Staat, dessen Repräsentant/innen wir nie wählen konnten, wie es eindeutig bei einer Besatzung der Fall ist und auch für Menschen ohne Papiere, mit eingeschränkten Bürgerrechten oder Nichtbürger/innen gilt."[57]

Versammlungen, die „Wir, das Volk" sagen, repräsentieren kein präexistierendes Volk: Das Volk ist der Versammlung immanent, die sich in seinem Namen konstituiert. Judith Butler betont auch, dass immer eine Kluft zwischen dem Wir, auf das man sich im Laufe einer Versammlung beruft, und dem konstituierten Wir besteht. Das Volk ist eine Kategorie, die ihr selbst immer unangemessen ist. „Die diskursive Berufung auf das ‚Wir' bezieht sich folglich auf ein Volk, dessen Bedürfnisse, Begehren und Forderungen noch nicht vollständig bekannt sind, und dessen Zusammenkunft mit einer Zukunft verknüpft ist, die erst noch gelebt werden muss."[58]

Trotz dieser Vorsichtsmaßnahmen besteht Butler darauf, dass Versammlungen etwas entstehen lassen, das sich durch die Versammlung selbst „das Volk“ nennt. Eine Versammlung ist ein Moment, in dem sich ein Volk konstituiert, und diese beginnende Volkssouveränität verfügt über die Möglichkeit, den Staat, dessen Legitimität auf der Volkssouveränität beruht, zu zerstören: „Das ausgesprochene Performativ ‚Wir, das Volk‘ ist sicher ein Bestandteil der Inszenierung, die wir Selbstkonstitution nennen.“ Diese Selbstkonstitution des Volks ist ein Akt, der sich nicht auf den Staat zurückführen lässt: „Nur in einem fortwährenden Trennungsakt von der Staatssouveränität ergibt die Volkssouveränität einen Sinn; sie ist mithin ein Weg der Bildung eines Volkes durch Akte der Selbstbezeichnung und Selbstversammlung; dabei handelt es sich um wiederholte Inszenierungen, die verbal und nonverbal [...] vorgenommen werden.“[59]

Da Judith Butler ihr Denken in das Dispositiv der politischen Philosophie einschreibt, muss sie die offizielle Definition akzeptieren, die die Institutionen von sich selbst geben. Sie stellt die Wahlen als einen Moment der Übertragung der Volkssouveränität auf die Repräsentanten dar, die nichtsdestoweniger unvollständig ist, weil das Prinzip der Souveränität in den Händen des Volks bleibt, das sie gegen die gewählten Regierenden ins Feld führen kann: „Eigentlich sollen gewählte Regierungsvertreter/innen die Volkssouveränität (oder, genauer gesagt, den ‚Willen des Volkes‘) repräsentieren, doch die Bedeutung der Volkssouveränität wird im Akt des Wählens nie völlig ausgeschöpft.“[60] Butler bestätigt sowohl den Begriff der Volkssouveränität als auch die Definition der Demokratie als Regierung des Volks durch es selbst, als Herrschaftssystem, das auf der Volkssouveränität gründet: „Die Bedingungen demokratischer Herrschaft beruhen letztlich auf einer Anwendung der Volkssouveränität“[61]. Sie geht sogar so weit zu behaupten: „Souveränität kann eine Art der Beschreibung von Akten der politischen Selbstbestimmung sein“[62].

Rest

Der Schluss, den Judith Butler aus ihrer Darstellung zieht, ist, dass die Souveränität „in keiner demokratischen Ordnung je vollständig"[63] sei, anders gesagt, dass „Wahlen die Souveränität nicht vollständig vom Volk auf dessen gewählte Vertreter/innen übertragen".[64] Die Demokratie muss also ständig mit einer Spannung umgehen: Die parlamentarischen Institutionen bräuchten Volkssouveränität, um sich zu legitimieren, aber sie fürchten sie auch, weil sie das Parlament übersteigt, es überschreitet und ständig auftauchen kann, um es aufzulösen: „Parlamentarische Machtformen brauchen zu ihrer Legitimität die Volkssouveränität, aber sie fürchten sie auch, denn ihr eignet etwas, das jeder parlamentarischen Form, die sie ja einsetzt und begründet, entgegenläuft, das sie übersteigt oder übertrifft. Ein gewähltes Regime kann von einer öffentlichen Versammlung zum Stillstand gebracht oder bezwungen werden, die ‚im Namen des Volkes' spricht und damit jenes ‚Wir' inszeniert, das unter demokratischen Herrschaftsbedingungen die entscheidende Legitimationsinstanz ist. Mit anderen Worten: Die Bedingungen demokratischer Herrschaft beruhen letztlich auf einer Anwendung der Volkssouveränität, die in keiner demokratischen Ordnung je vollständig enthalten ist oder zum Ausdruck kommt, die aber die Voraussetzung ihres demokratischen Charakters ist."[65]

Die Konsequenz dieser Analyse ist, dass die staatlichen Formen der Regulierung öffentlicher Versammlungen und Demonstrationen durch eine problematische, antidemokratische Dimension gekennzeichnet sind. Wenn der Ausdruck der Volkssouveränität vom Staat im Voraus begrenzt wird, bedroht das die Demokratie, weil die Volkssouveränität den Staat in Frage stellen können muss. Judith Butler benutzt die traditionellen Kategorien der politischen Theorie, um einen subversiven Gebrauch davon zu machen: Es geht darum, die Normen der Kontrolle des öffentlichen Erscheinens versammelter Körper in Frage zu stellen. Diese Normen und Regulierungen verhindern den unerwarteten und destabilisierenden Einbruch der Bewegungen, obwohl diese Bewegungen per definitionem die Volkssouveränität innehaben und also den Staat und die Normen, die er auferlegt, wann immer sie es wollen, sollten auflösen können. „Solange der Staat die Bedingung der Versammlungsfreiheit kontrolliert, wird die Volkssouveränität zu einem Instrument der Staatssouveränität, und die Legitimationsbedingungen des Staates gehen in dem Moment verloren, in dem die Versammlungsfreiheit ihrer kritischen und demokratischen Funktionen beraubt wird."[66]

Diese Art, den Staat, die Demonstration, die Wahl und die Demokratie zu denken, scheint kohärent – sie funktioniert. Aber vielleicht „funktioniert sie", weil diese Denkweise ein System wohlgeordneter und vorher konstituierter mythologischer Kategorien abspult. Die hier angewandte Analytik beschreibt nicht die Wahrheit dessen, was eine Versammlung, was der Staat ist, nicht das, was es heißt, regiert zu werden, was wählen bedeutet, was eine gewählte Versammlung ist. Gerade in dem Augenblick, in dem diese Erzählung sagt „ich beschreibe", übernimmt sie in Wirklichkeit die Repräsentation, die in den sogenannten demokratischen Regimen die Institutionen und Sozialbewegungen von sich selbst geben. Man hat es also hier mit einer Verdoppelung von politischen Ideologien im Bereich der Theorie zu tun und nicht mit einer Analyse, die die objektive Wahrheit auszusprechen vermag. Indem Judith Butler in ihrer Konstruktion von Erzählungen darüber, was vor sich geht, abstrakte Vorstellungen wie Volkssouveränität, Volk, Grundlegung, wir usw. verwendet, reproduziert sie mystifizierte Formen unseres Verhältnisses zur Politik und zu den demokratischen Institutionen.

Spannungen

Es ist natürlich wichtig, über die gegenwärtigen Modalitäten der Kontrolle und Beschränkung von Demonstrationen und Besetzungen des öffentlichen Raums zu sprechen. Das Auftauchen neuer Formen der Mobilisierung wie der Schwarze Block oder das Cortège de tête[67] sind Teil dieser Optik: Sie drücken die von zahlreichen Individuen verspürte Notwendigkeit aus, die Macht über den öffentlichen Raum wiederzuerlangen und eine Art urbaner Guerilla zu führen, um die Rollen umzukehren und zu zeigen, dass die Demonstranten die polizeiliche Vor-Einschränkung des öffentlichen Raums nicht akzeptieren können.[68]

Doch braucht man Kategorien der politischen Theorie, um diese Feststellungen zu treffen? Judith Butler behauptet, dass die

Versammlung ein Moment ist, in dem die Volkssouveränität sich durch verbale und nicht-verbale Akte selbstkonstituiert. Doch der analytische Blick sollte seine Aufmerksamkeit eher darauf richten, dass diejenigen, die demonstrieren und „Wir, das Volk" sagen, immer eine ganz kleine Minderheit der Bevölkerung sind. Niemals ist „das Volk" in den Versammlungen anwesend, die „Wir, das Volk" sagen. Manche Leute können nicht kommen, manche wollen nicht, andere sind verhindert, andere nicht einverstanden, wieder andere wissen nicht einmal Bescheid, andere sehen von weitem zu, andere sind im Gefängnis ... Eine Mannigfaltigkeit von Individuen ist nicht anwesend und erkennt sich auch nicht in denen wieder, die „Wir, das Volk" sagen.

Anstatt nun aber die Verwendung dieser Kategorie abzulehnen, anstatt zu sagen, dass diejenigen, die sich auf sie berufen, die anderen und sich selbst belügen, hält Judith Butler an dieser Kategorie fest und behauptet, dass es das Kennzeichen demokratischer Versammlungen wäre, dass das Volk nur als Überschuss zu dem existiert, was es inszenieren und verkörpern soll. Anders gesagt, die Tatsache, dass das Volk niemals da ist, wird nicht als Beweis dafür verwendet, dass es eine fiktive Kategorie ist. Diese Tatsache wird vielmehr umgedeutet zu einem Merkmal demokratischer Mobilisierung, die nunmehr als Inszenierung von etwas dargestellt wird, das nur als Überschuss über seine Inszenierung existiert: „Inszenierungen lassen sich nach meiner Auffassung nicht vollständig auf Behauptungen reduzieren; diese sind vielmehr nur eine Form der politischen Inszenierung, weshalb die Sphäre der politischen Performativität gesprochene Äußerungen sowohl beinhaltet als auch überschreitet. In diesem Sinne möchte ich mich auf Jason Franks wichtigen Begriff der ‚konstituierenden Momente' stützen, in denen die Inszenierung des Volkes über dessen Repräsentation hinausgeht; nach Franks Ansicht muss das Volk inszeniert werden, um repräsentiert werden zu können, gleichwohl es keiner Inszenierung gelingen kann, es zu repräsentieren."[69]

Doch macht die Kluft zwischen „Inszenierung" und „Repräsentation" ein Paradox aus? Wir stoßen hier auf eine Geste, die sich mit der vergleichen lässt, die wir bereits bei Agamben vorgefunden haben: Die Begriffe Kluft, Spannung und Paradox dienen dazu, die Fiktion von der Einheit der Demonstration (vom Volk) zu retten, indem das, was ist, durch seinen Unterschied zu ihr definiert wird, anstatt auf sie zu verzichten und Werkzeuge zu schmieden, die das Reale in seiner Positivität erfassen.

Abwesende Stimmen

Wahrscheinlich darf man nicht zu sehr ausgehend von Empfindungen denken, aber es ist nicht unbedingt nützlich, diese Elemente zu verschweigen: Ich war immer sehr verblüfft über die Bilder, die man im Fernsehen über Länder sehen kann, in denen gerade revolutionäre Vorgänge stattfinden. Man spricht von Unruhe, Aufstand, Regimekrise. Aber abgesehen von ein paar unruhigen Orten, wo es Bewegungen und Spannungen geben mag, ist der Rest systematisch ruhig, das Leben geht weiter: der Markt, die Schule, die Arbeit usw. Und folglich hat die Mehrzahl ein Verhältnis zur Politik, das sich völlig von dem derjenigen unterscheidet, die dabei sind, den Staatsapparat zu erobern oder die abgesetzt werden und auf die sich die öffentliche Aufmerksamkeit und danach die politische Theorie richtet. Wie sieht das politische Leben der Mehrzahl aus? Welche Erfahrungen machen sie mit dem Gesetz? Die politische Theorie vergisst immer diejenigen, die niemals da sind, die nichts sagen und tun, die nicht wählen, die nicht demonstrieren, die nur da sind. Was würde es bedeuten, eine politische Theorie ausgehend von dem auszuarbeiten, was Didier Eribon die „abwesenden Stimmen" nennt, ausgehend von den ausgeschlossenen Minderheiten, die keine öffentliche Existenz erlangt haben, aber auch von dem, was man manchmal die schweigende Mehrheit nennt? Ist die Politik nicht ein paradoxer Bereich, in dem eine kleine Anzahl von Menschen handelt und in der Theorie repräsentiert ist?

Das Erfassen von Tatsachen, die sich uns als „politisch" darstellen, mithilfe von sogenannten „politischen" Kategorien führt dazu, mit einer gleichförmigen Wirklichkeit auszustatten, was in den Handlungsbereich besonderer Gruppen fällt. Wenn man sich umgekehrt fragt, wer „nicht da ist" und also wer „da ist", wer versucht, sich gegen wen durchzusetzen, wer was wem aufzwingen will, dann führt das dazu, unsere Wahrnehmung einer Demonstration zu verwandeln und sie nicht als einen Moment zu sehen, in dem ein Volk sich konstituiert, sondern als einen Moment, in dem bestimmte Individuen und Gruppen sich mobilisieren, um sich des Staatsapparats zulasten anderer Individuen und Gruppen zu bemächtigen, um ihnen vermittels der Polizei ihren Willen aufzuzwingen. Eine klarsichtige Theorie muss die abwesenden Stimmen in Betracht ziehen, um den Gebrauch jeder verallgemeinernden Berufung und jedes totalisierenden Begriffs unmöglich zu machen. Wenn Akteure sagen „Wir sind das Volk", dann muss man sich fragen, welche sozialen Privilegien sie genießen, um sich einbilden zu können, „das ganze Volk" handle durch sie. Indem die traditionelle Theorie Momente des Kampfes zwischen gesellschaftlichen Fraktionen als Aktion der Gesamtheit oder als Moment der Bildung der Gesamtheit darstellt, verhindert sie eine Objektivierung der Wirklichkeit, ein Denken des Konflikts und ein Verständnis davon, was es heißt, in einer Welt von Antagonismen zu agieren.

5. Von der Performativität zur Fiktion

Das Begreifen politischer Tatsachen mit Hilfe totalisierender Kategorien, die das Erfassen der Wirklichkeit verhindern, ist nicht nur eine Konsequenz der Bestätigung traditioneller Denkformen. Es lässt sich auch durch den in der kritischen Theorie spontanen und gleichsam rituellen Rückgriff auf den Begriff der Performativität erklären, das heißt durch unsere Neigung, es als Offensichtlichkeit zu akzeptieren, dass die Diskurse das erschaffen, was sie aussagen.

Natürlich existieren diskursive Operationen, die Reales produzieren – zum Beispiel wenn ein Richter jemanden zu einer Gefängnisstrafe verurteilt oder wenn ein Standesbeamter zwei Personen verheiratet, um die klassischen Beispiele aufzugreifen. Doch das ist nicht immer wahr. Sehr oft greift man auf die Theorie der Performativität aus Gewohnheit zurück, was dazu führt, in der Analyse die Mythen zu bestätigen, die die Macht über ihre Operationen erzählt.

Die Weise, wie man die Idee der Performativität verwendet, führt oft dazu, *ex post* zu rekonstituieren, was die traditionelle Theorie *ex ante* verortete. Die Autoren, die sich auf sie berufen, beginnen damit, sich von den Diskursen zu distanzieren, die sich auf totalisierende Kategorien (wie die des „Volkes") berufen, als ob sie auf Wirklichkeiten verwiesen. Doch anstatt eine objektivierende Praxis in Gang zu setzen, die den Verzicht auf den Gebrauch dieser Kategorien voraussetzt, behaupten diese Autoren, dass diese Abstraktionen als Entitäten angesehen werden können, die vom Diskurs hervorgebracht werden. Der Begriff der Performativität scheint kritisch zu sein, endet aber damit, es zu ermöglichen, traditionelle Kategorien und von ihnen propagierte Sichtweisen beizubehalten. Es ist an der Zeit, den Begriff der Performativität kritisch zu beleuchten.

Unabhängigkeitserklärung

In *Otobiographien*[70] widmet sich Jacques Derrida der amerikanischen Unabhängigkeitserklärung. Derrida interessiert sich in diesem Text für das Problem der Unterschrift und des Aussagevollzugs: Wer unterzeichnet die Unabhängigkeitserklärung? Wer erklärt „wir sind unabhängig"? Wie funktioniert eine Erklärung, die eine politische Institution gründet?

Das Nachdenken über die Grundlage und den Ursprung politischer Institutionen verlangt, sagt Derrida, die Entfaltung der Problematik der „‚Sprechakte', [...] eine[r] Theorie der ‚performativen' Schreibweise, der Unterschrift, des Vertrags, des Eigennamens"[71]. In der Geste des Schreibens, Unterschreibens und Verkündens dessen, was sich als Unabhängigkeitserklärung darstellt, ist nämlich ein ganzes Bündel an Paradoxa am Werk. Diejenigen, die die Erklärung schreiben, sind die „Volksvertreter", die sich darauf berufen, vom Volk zum Unterschreiben delegiert oder damit prokuriert worden zu sein ... Doch die Operation ist ungeheuer problematisch: Obwohl der Unterzeichner von Rechts wegen das Volk der Vereinigten Staaten ist, ist dieses Volk in Wirklichkeit das Produkt der Unabhängigkeitserklärung, die es in dem Augenblick zur Existenz bringt, in dem die Unabhängigkeit erklärt wird.

Derrida akzeptiert nicht die Erzählung, die man in der traditionellen Philosophie und bei bestimmten naiven Historikern findet, der zufolge das Volk in Revolutionsvorgängen seine Unabhängigkeit erklären, sich erheben und dadurch eine Revolution in Gang setzen würde. Es gibt keine vorgängige und vorkonstituierte Einheit, die „das Volk" hieße, die ihre Unabhängigkeit erklärt. Doch die Dekonstruktion dieser Erzählung durch eine Theorie der Performativität wird ihn dazu führen zu sagen, dass die Unabhängigkeit selbst das Volk hervorbringt. In anderen Worten, die Theorie der Performativität ermöglicht es Derrida, die verheerenden Wirkungen einer radikal antifundationalistischen Theorie zu vermeiden, indem er eine Art Gründung *ex post* rekonstituiert, eine Gründung, die im Nachhinein stattfindet, die beruhigt, die die Kategorie „Volk" rekonstruiert, sie um jeden Preis rettet.

Derrida schreibt: „Das Wir, das in der Erklärung spricht, spricht ‚im Namen des Volkes'. Aber dieses Volk existiert nicht, nicht vor dieser Erklärung. [...] Von Rechts wegen gab es keinen Unterzeichner vor dem Text der Erklärung, die also selber Produzent und Garant ihrer eigenen Unterzeichnung ist."[72]

Die Unabhängigkeitserklärung konstatiert und produziert zugleich das „Volk der Vereinigten Staaten", das sagt „Wir, das Volk". Wir stehen hier Derrida zufolge nicht vor einer Feststellung, sondern vor einer Art von besonderen Usurpation, die die Form eines Performativs, eines *speech act* annimmt.

In der Konstitution politischer Institutionen liege etwas Wunderbares: „Die Unterschrift erfindet den Unterzeichner. Dieser kann sich erst dann zur Unterzeichnung ermächtigen, wenn er, wenn man so sagen kann, mit seiner Unterzeichnung mittels einer wundersamen Rückkopplung ans Ende gekommen ist. Seine erste Unterschrift ermächtigt ihn zu unterzeichnen. Das geschieht alltäglich und doch ist es unglaublich, und ich denke jedes Mal, wenn mir ein derartiges Ereignis in den Sinn kommt, an die Fabel von Francis Ponge: ‚Mit dem Wort mit beginnt dieser Text, / Dessen erste Zeile die Wahrheit spricht...'.

Unterzeichnend sagt das Volk – und tut, was es zu tun sagt, freilich nur verschoben, vermittels seiner Vertreter, deren Vertreterschaft voll und ganz nur durch die Unterschrift, also nachträglich, legitimiert wird: Fortan habe ich das Recht zu unterzeichnen, mithin werde ich es schon gehabt haben, da ich es mir ja gegeben habe. Ich habe mir einen Namen und eine Unterschriftsvollmacht gegeben."[73]

Das sind offensichtlich sehr schöne Analysen – vielleicht zu schön, oder zumindest opfern sie vielleicht zu viel der Lust am Schreiben, als dass sie ehrlich sein könnten. Denn worauf läuft Derridas Analyse hinaus, wenn nicht auf eine stillschweigende Rekonstitution aller Mythen der politischen Philosophie und die Bestätigung aller Analysekategorien dieses Diskurses, nur mit der Besonderheit, dass sie mithilfe einer Theorie der Performativität

Genese und Anfang der Wirksamkeit dieser Kategorien in ein Nachhinein verlegt, statt sie in einem Vorhinein anzusiedeln? Jede Theorie der Performativität gründet auf einer Art Legitimismus, der den Institutionen, Autoritäten, „Amtsdienern" die sonderbare Macht zuerkennt, das zu erschaffen, was sie zu erschaffen behaupten, zu tun, was sie zu tun behaupten. Darin lässt sich die Neigung erkennen, das, wovon der Staat sagt, dass es passiert, mit dem zu verwechseln, was passiert.

Eine Theorie der Performativität durch eine Theorie der Fiktion ersetzen

Der Beitrag der Theorie der Performativität zur heimlichen Rekonstitution von Abstraktionen und Wesenheiten vollzieht sich nicht nur in der politischen, sondern auch in der sozialen Theorie. Anders gesagt, die Infragestellung des Gebrauchs des Begriffs der Performativität beschränkt sich nicht auf das Feld der politischen Reflexion, sondern betrifft allgemeiner die Soziologie der Kollektive und Klassen und insbesondere die Soziologie Pierre Bourdieus.

Bourdieu hat tatsächlich über die Frage der Gruppen, der Identität und der Repräsentation nachgedacht, um die Soziologie vom Objektivismus zu befreien, der annimmt, sie existierten in der realen Welt. Im sozialen Raum sind die Gruppen potentielle Wirklichkeiten, die hervorzubringen sind – und sie werden namentlich durch diskursive Operationen konstituiert, zum Beispiel durch die Handlungen eines Sprechers.

In zwei wichtigen Artikeln, „La délégation et le fétichisme politique" und „L'identité et la représentation", nimmt Bourdieu die Theorie der Performativität zu Hilfe, um die Logik der Gruppenbildung zu verstehen:[74] Nicht die Gruppe verleiht dem Sprecher Autorität – wenngleich er dies beanspruchen mag –, sondern der Sprecher konstruiert die Gruppe durch sein Wortergreifen und durch die Berufung auf die Gruppe. Bourdieu verwendet dabei Formulierungen, die besonders nahe an denen Derridas sind: „Im Grenzfall beherrschter Gruppen geschieht der Symbolisierungsakt, durch den sich der Sprecher konstruiert, die Konstruktion der ‚Bewegung' zeitgleich mit der Konstitution der Gruppe; das Zeichen macht die bezeichnete Sache, der Signifikant setzt sich mit der bezeichneten Sache gleich, die nicht ohne ihn existieren würde, die sich auf ihn reduziert."[75] Man bemerke, dass Bourdieu tatsächlich von der Konstitution der Gruppe spricht: Die Gruppe, von der der Sprecher spricht, wird nicht als eine Fiktion angesehen, sondern als eine Wirklichkeit, die vom Diskurs dessen, der in ihrem Namen spricht, konstruiert wird.[76] Es gibt Bourdieu zufolge eine „Effizienz des performativen Diskurses", die dazu beiträgt, „das geschehen zu lassen, was er im Aussageakt selbst aussagt".[77]

In Wirklichkeit zögert Bourdieu. Er spürt, dass mit der Vorstellung, dass die diskursive Berufung auf kollektive Kategorien zur realen Erzeugung der Gruppen, auf die man sich beruft, beiträgt, ein Problem verbunden ist. Deshalb räumt er in seinen Überlegungen manchmal einem ganz anderen Vokabular einen Platz ein, das klarsichtiger ist und mit dem Begriff der Performativität im Widerspruch steht: Er spricht dann von Usurpation. Der Sprecher konstituiert keine Gruppe. Das bedeutet nicht, dass seine Berufung ihm nicht ermöglicht, ein soziales Gewicht zu erlangen, das eventuell zu objektiven Veränderungen für diejenigen führen kann, in deren Namen er zu sprechen beansprucht. Doch realistisch gesehen ist er allein. Er usurpiert ein soziales Gewicht, indem er sich auf eine Gruppe beruft, die nicht existiert. Bourdieu gibt das Beispiel der *Société des agrégés*[78], die „im Namen der *agrégés*" sprechen: „Das ist der typische Fall einer Usurpation durch eine Figur, die vorzugeben versucht, eine Gruppe hinter sich zu haben, insofern sie als moralische Person im Namen dieser Gruppe sprechen kann, ohne von jemandem Widerspruch zu erfahren."[79]

Angesichts der Usurpationserscheinungen, die auf diskursiven Praktiken gründen, müsste die Rolle der Soziologie darin bestehen, die Ansprüche der Sprecher und die Gültigkeit der Abstraktionen zu dekonstruieren, auf die sie sich berufen, um ihrem Sprechen Gewicht zu verleihen (die Gruppe, ihre moralische Persönlichkeit), anstatt implizit, vermittels einer Theorie der Performativität, die letztendlich das bestätigt, was der Sprecher beansprucht, gemeinsame Sache mit dieser Mystifizierung zu machen.

Die Reduktion der Politik auf das, was sie ist, die Ausarbeitung einer klaren Sicht auf das, was sich auf politischer Ebene abspielt, führt also dazu, eine Theorie der Performativität durch eine Theorie der Fiktion zu ersetzen. Es scheint mir nämlich interessanter, die politischen Aussagen als Fiktionen zu verstehen anstatt als Performative. Nicht deshalb, weil ein Repräsentant oder ein Aktivist oder auch 10 000 Leute „Wir, das Volk" sagen, erschafft diese Aussage etwas, was sich das Volk nennen könnte. Diese Aussage erschafft nichts. Sie ist eine Berufung. Diese Deklaration ist im Register der Usurpation und der Fiktion angesiedelt. Das bedeutet, dass die politischen Diskurse nicht als *speech acts* gedacht werden dürfen, sondern als *speeches*, die in der Politik das Charakteristikum aufweisen, immer mit Fiktionen verbunden zu sein. Die Politik ist jener sonderbare Bereich, wo die Individuen als Individuen in ihrer Besonderheit im Widerspruch zueinander stehen, indem sie sich auf leere Signifikanten berufen. Sie ist jene Ordnung des Handelns, in der die Individuen immer im Namen anderer handeln, ohne deren Willen, ohne sie, in ihrer Abwesenheit, indem trügerische Designatoren verwendet werden …

Wenn Judith Butler in *Anmerkungen zu einer performativen Theorie der Versammlung* über die Formel „Wir, das Volk", auf die sich politische Versammlungen berufen, sagt: „Das ausgesprochene Performativ ‚Wir, das Volk' ist sicher ein Bestandteil der Inszenierung, die wir Selbstkonstitution nennen"[80], dann müsste man das durch ein Vorgehen ersetzen, das feststellt: Nein, das ist eine Fiktion. Und die Rolle der Theorie besteht darin, zu entdecken, was trotz der Fiktionen, auf die wir uns berufen, objektiv vor sich geht, und zu verstehen, warum die Agenten Fiktionen benutzen, um zu benennen, was sie tun und was sie sind.

Wenn wir 300 Leute sind, die sich vor der Nationalversammlung zusammentun und „Wir, das Volk" rufen, dann sind wir nicht „das Volk", das die Institutionen in Frage stellt, indem wir den Dissens der „Volkssouveränität" zum Ausdruck bringen, sondern wir sind 300 Leute, und wir mobilisieren uns als sozial verortete Akteure, selbst wenn wir etwas anderes behaupten. Doch ebenso sind diejenigen, gegen die wir protestieren, nicht die „Volksvertreter" innerhalb einer Institution, deren Legitimität von der Übertragung der Souveränität herrührte, die sich durch die Wahl vollzogen hätte. Sie sind 200 – vielleicht weniger – Regierende, die ebenso sozial verortet, aber in der Lage sind, uns ihren Willen aufzuzwingen, indem sie ihn Gesetz nennen. 300 gegen 200: Das ist die Wahrheit des politischen Verhältnisses. Nichts anderes. Nicht „das Volk" gegen „die Republik" oder die „Vertreter der Volkssouveränität" – und diejenigen, die solche Kategorien verwenden, sind eigentlich Usurpatoren oder Komplizen bestimmter Usurpationsformen. Die Kategorien der Politik sind dazu da, um diese Brutalität zu maskieren, um diese Szene zu verwandeln und ihr eine beeindruckende Dramaturgie zu verleihen, die sie nicht besitzt.

Der Status der Abstraktionen

Bedeutet die Konstruktion einer reduktionistischen Analyse der Politik, auf den Gebrauch jeder Abstraktion zu verzichten? Wenn man sagt, dass „das Volk" nicht existiert oder dass „die Volkssouveränität" ein sinnleerer Begriff ist, und wenn man sich auf die Vielfalt der Verhaltensweisen, sozialen Zugehörigkeiten oder Interessen beruft, riskiert man damit dann nicht, den Gebrauch abstrakter Kategorien oder Begriffe unmöglich zu machen, weil jede Gesellschaftsgruppe per definitionem verschieden, zersplittert und von zahlreichen Zugehörigkeiten geprägt ist?

Eigentlich geht es hier keinesfalls darum, die Möglichkeit, ja die Notwendigkeit von Abstraktionen und Modellen in Frage zu stellen. Ich habe oft auf dem Wert des Modelldenkens insistiert, insofern es uns ermöglicht, auf Distanz zu gehen gegenüber dem, was uns als selbstverständliche Realitätskonstruktion gilt (in meinem letzten Buch *Michel Foucaults letzte Lektion*[81] habe ich das in Bezug auf den Homo oeconomicus gezeigt). Und ich habe (in *Verurteilen*[82]) darauf insistiert, dass es notwendig ist, gegen die ethnographische Versuchung in den Sozialwissenschaften ein Denken in Systemen wiederherzustellen. Jede Reflexion, die diesen Namen verdient, vollzieht sich mittels Kategorisierungen, Einteilungen und durch den Rückgriff auf Abstraktionen.

Doch, wie Maurice Halbwachs betont, bedeutet das epistemologische Bestehen auf die Stichhaltigkeit von Einteilungen, die über Individuen hinausgehen, nicht, dass jede Einteilung stichhaltig ist. Es gibt Bedingungen für die Produktion akzeptabler Einteilungen und Klassifizierungen. Diese müssen auf gültigen sozialen Kräften und ontologischen Kriterien basieren. Hinsichtlich der Verwendung der Statistik bei Simiand hebt Halbwachs zum Beispiel hervor, dass die statistische Beobachtung nur dann sinnvoll ist, wenn sie auf reale und konsistente Mengen angewandt wird.[83] In seinem Werk über den Staat und das Recht, auf das ich noch zurückkommen werde, schlägt der Soziologe Léon Duguit eine Unterscheidung zwischen unterschiedlichen Kategorisierungsformen vor: Nicht jeder verallgemeinernde Begriff ist stichhaltig. Manche verweisen auf nichts und sind also Fiktionen, Erfindungen; andere beruhen auf Tatsachen und erhellen sie – das sind Abstraktionen.

Man muss also folgende Fragen stellen: Ist eine Kategorie wie „Volk" eine Abstraktion? Ermöglichen Begriffe wie „Bürger", „Gemeinwille" oder „Volkssouveränität", etwas über die Wirklichkeit auszusagen und Prozesse zu erhellen, die sich in der Wirklichkeit vollziehen? Wenn man Duguits Unterscheidung übernimmt, ist es treffender, sie als Fiktionen zu bezeichnen. Diese Begriffe können nicht dieselbe Stellung haben wie etwa der Begriff „Gesellschaftsklasse". Sobald man festsetzt, dass die Politik eine fiktive Ebene ist – ein leeres Jenseits, eine wirklichkeitsleere Identität –, dann sind auch die verallgemeinernden Begriffe, die auf dieser Ebene hervorgebracht werden, fiktiv und wirklichkeitsleer. Umgekehrt sind die Abstraktionen, die auf der Ebene der sozialen Interaktionen und Herrschaft produziert werden, um Entitäten zu bezeichnen, die auf ihr aufeinandertreffen, real und stichhaltig.

Wenn der Marxismus eine Erzählung, die vom Aufstand des „Volks" spricht, durch eine Analyse der Revolutionsprozesse als Übernahme der Macht einer Klasse von einer anderen Klasse ersetzt, dann ersetzt er, um seine Erzählung zu konstruieren, den umfassenden Begriff „Volk" durch den der „Bourgeoisie". Doch der Begriff der Bourgeoisie verweist auf wirkliche Kräfte (er ist eine Abstraktion), während der Begriff „Volk" eine mythologische Entität ist, die eine mythologische Erzählung der Geschichte stützt (er ist eine Fiktion). Da politische Beziehungen soziale und interindividuelle Beziehungen wie alle anderen sind, ist es legitim, soziale Abstraktionen zu verwenden, um sie zu denken. Umgekehrt sind politische Abstraktionen illegitim und gehören in den Bereich der Fiktion, weil es keine Autonomie der Politik gibt. Eine Abstraktion ist gültig, wenn sie nicht homogenisierend ist und wenn sie auf ein konkretes gesellschaftliches Verhältnis verweist.

III. Der Staat und das Recht als Wille

Wenn wir auf die Welt kommen oder später, wenn wir uns in ihr bewegen, haben wir es gezwungenermaßen mit Rahmenbedingungen und Institutionen zu tun, die bereits da sind und uns vorausgehen. Wir erdulden sie oder versuchen zu handeln, um sie zu verändern. Aber in beiden Fällen nehmen wir das, was ist, und investieren unsere Interessen, manövrieren, wie wir es mit allen anderen Institutionen auch tun. Politische Formen sind wie alle sozialen Formen Werkzeuge, derer die Akteure sich bedienen, um Herrschaftsphänomene zu bekämpfen oder zu verschärfen und um ihrer Weltsicht zum Triumph zu verhelfen.

Diese Reduktion der Politik auf die Wirklichkeit ihrer Einschreibung ins Spiel der Antagonismen führt zu einer anderen Auffassung dessen, was sich uns unter dem Namen „Staat“ oder „Recht“ zeigt. Wenn wir zu einer realistischen Beschreibung unserer Erfahrung gelangen wollen, dann ist die erste Frage, die man sich stellen muss, folgende: Womit hat man es zu tun, wenn man mit dem Staat zu tun hat? Mit wem gerät man in Konflikt, wenn man mit dem Gesetz in Konflikt gerät? Verweisen die Begriffe „Staat“ und „Gesetz“ auf Wirklichkeiten oder sind sie Fiktionen, substanzialistische Kategorisierungen, denen wir misstrauen müssen, wie „Volk“, „Gemeinwille“ oder „Souveränität“?

Wir sprechen in der Theorie oder in der Alltagssprache oft von Staat, von Staatswille, von Staatsinteressen, von der staatlichen Logik. Indem wir diesen Wortschatz gebrauchen, fassen wir eine Menge von Akten zusammen, so als ob sie von einer Entität stammten, die eine Einheit und einen eigenen Willen besäße. Doch ist der Staat nicht ebenso ein abstrakter Begriff, mit dem die Vielfalt der in einem Machtapparat vollzogenen Akte erfasst wird, wie „das Volk“ ein Begriff ist, um Individuen zu bezeichnen, die sich auf einem Territorium befinden? Hat der Begriff des Staats nicht den Fehler, ein inhaltsleeres Gebilde mit einem Wesen auszustatten? Wenn man ihn verwendet, läuft man dann nicht Gefahr, die Wirklichkeit dessen aus dem Blick zu verlieren, was sich nicht hinter dem Staat, sondern im Staat versteckt, und somit unsere Beziehungen zu ihm auf wesentlich mystifizierte Weise zu erleben?

1. Entscheiden

Staaten und Regierende

Der Soziologe Léon Duguit betont in seinem 1901 veröffentlichten Buch *L'État, le droit objectif et la loi positive*, dass eine realistische Staatstheorie die Fiktionen aufgeben muss, die namentlich Juristen, aber auch Philosophen ständig verwenden. Der Staat wird sehr oft als Inhaber eines eigenen Willens aufgefasst, als Spiegelbild von etwas anderem als ihm selbst: als Abbild des Gemeinwillens, des Willens des Gesetzgebers, der als rationale Einheit aufgefassten Gemeinschaft, des Kollektivbewusstseins. Die Juristen sprechen vom Gesetzgeber oder vom Verfassungsrichter ständig auf abstrakte Weise, um das zu bezeichnen, was der „Staatswille" wäre. Duguit behauptet nun aber, dass es genügt, sich die Wirklichkeit anzusehen, um den mythologischen Charakter solcher Bezeichnungen zu spüren. Diese Abstraktionen lösen sich unter der einfachen Beobachtung der Wirklichkeit auf und erscheinen dem soziologischen Blick als bloße Fiktionen.[84] Wenn man den Staat als das ansieht, was er ist, dann sieht man keine Persönlichkeit des Staats und keine autonome Substanz, deren Ausdruck der Staat wäre. Das, was im Staat handelt und was er also in Wirklichkeit ist, sind besondere Individuen: „Es liegt nichts hinter dem, was man die Staatsorgane nennt; die Persönlichkeit des Staats ist eine reine Fiktion, es gibt nur die Organe, das heißt Individuen, die anderen Individuen ihren Willen aufzwingen und dies unter der Androhung materiellen Zwangs."[85]

Die Reduktion des Staats auf seine soziologische Wahrheit verlangt, auf die Benennungsformen zu verzichten, die so tun, als ob die Aktionen, die sich in ihm entfalten, der Ausdruck von Abstraktionen wären, die auf einer höheren Realitätsebene angesiedelt wären (der Gemeinwille, das Kollektivbewusstsein, die Vernunft des Gesetzgebers), und zugleich, diese Handlungen direkt mit denjenigen zu verbinden, die sie vollziehen: „In unserem Verständnis ist der Staat einfach das Individuum oder die Individuen, die die Macht besetzen: die Regierenden."[86]

Duguit ersetzt eine Analyse des Staats durch eine Analyse der Regierenden. Er stellt die Akte des Staats als Ausdruck von besonderen, verorteten, spezifischen Willen dar: „Einheitlicher und kollektiver Wille, nationale Souveränität, politische Souveränität des Staats, all das sind wertlose Wörter, die nur dazu dienen, die Brutalität der Tatsachen und die Willkür der Gewalt zu verbergen. [...] Der Staat war immer und ist immer noch eine Gesellschaft, in der individuelle Willen sich anderen Willen aufzwingen. Zwischen der wackeligen und prekären Macht des Oberhaupts einer wilden Horde und der Macht einer modernen Regierung besteht ein Gradunterschied, kein Wesensunterschied."[87]

Duguits Intuitionen stehen im direkten Gegensatz zu unseren Denkgewohnheiten. Wenn wir sie weiterentwickeln, dann sind wir gezwungen, unser Vokabular zu verändern und also auch die Art und Weise, in der wir mit unserer politischen Lage umgehen. Wir sind gezwungen, das Gesetz zu entfetischisieren und aufzuhören, so zu tun, als ob das, was das Gesetz ausdrückt, wenn es verkündet wird, sein Wesen veränderte. Wenn man das Gesetz auf das reduziert, was es ist, wenn man die Staatsfiktionen zerstört, oder besser, wenn man den Staat als eine Fiktion auffasst, dann muss man sagen, dass das, was man Staat nennt, ein Apparat ist, dessen sich Partikularwillen bedienen, um sich durchzusetzen. Niemals handelt „der Staat", sondern durch ihn handeln „Individuen" und individuelle Willen, die notwendigerweise partikular und situiert sind.

Wenn Nicolas Sarkozy ein Gesetz durchsetzen will und wenn er den parlamentarischen Kampf gewinnt, wenn er es schafft, dass das Gesetz erlassen wird, dann ist das Gesetz der Wille von Nicolas Sarkozy (und ein Stück der gesellschaftlichen Weltsicht, die sich in diesem Willen ausdrückt). Und wenn ich mit diesem Gesetz nicht einverstanden bin, bin ich in Wirklichkeit nicht mit „dem Gesetz" oder „dem Gesetzgeber" einverstanden, wie die Juristen, Richter, Philosophen sagen, oder wie wir in der Alltagssprache sagen. Sondern ich widersetze mich dem Willen von Nicolas Sarkozy, der Gesetz geworden ist und sich mit einem Repressionsapparat ausgestattet hat, um sich mir aufzuzwingen (anders gesagt, die Richter setzen nicht „das Gesetz" um, sondern „Nicolas Sarkozys Willen", die Polizisten verschaffen nicht dem Gesetz Geltung, sondern „Nicolas Sarkozys Willen").

Mein Verhältnis zum Staat ist kein Verhältnis zwischen „meinem Willen" und „dem Staat", sondern ein interindividuelles Verhältnis, ein Verhältnis zwischen Partikularwillen (ich gegen Nicolas Sarkozy), nur dass der eine es geschafft hat, Gesetz zu werden, sich des repressiven Staatsapparats zu bemächtigen, um sich mir aufzuzwingen. Wenn man die Wirklichkeit so ausspricht, wird es schwierig, die politische Sphäre von der Sphäre privater Interaktionen zu trennen.

Der Reduktionismus führt dazu, die politischen Beziehungen als Beziehungen zwischen Individuen zu kennzeichnen. Diese Sichtweise entfaltet Édouard Louis zum Beispiel in *Qui a tué mon père*, wenn er die Minister oder Präsidenten der Republik beim Namen nennt, deren Entscheidungen direkte Auswirkungen auf die Gesundheit seines Vaters hatten. Zwischen Jacques Chirac und Édouards Vater gibt es eine direkte Verbindung. Sie sind vernetzt. Anders gesagt, die Abstraktionen, die man verwendet, um Politik und politische Prozesse zu verstehen, und die sich als Prinzipien der Erkenntnis und der Aufklärung des Realen darstellen, funktionieren tatsächlich als Prinzipien der Verkennung und Mystifizierung und verdecken die brutale Realität dessen, was man „die Politik" nennt.

Die Ersetzung des Begriffs des Staats durch den Begriff der Regierenden bedeutet keinen Verzicht auf eine soziologische Auffassung politischer Akte, ihrer Verankerung und ihrer Bedeutung zugunsten einer individualisierenden Auffassung. Man muss im Gegenteil ein reduktionistisches Denken und ein soziologisches Denken miteinander verbinden, denn sie ergänzen sich und setzen sich ab von der politischen Theorie. Marx zeigt zum Beispiel in *Der achtzehnte Brumaire de Louis Bonaparte*, wie im Staat handelnde Individuen – die Regierenden – in ihrer Verschiedenartigkeit und Unterschiedlichkeit am Werk sind. Es ist also möglich, den Staat auf diejenigen zurückzuführen, die die Gesetze erlassen. Doch zugleich sind diese Individuen per definitionem Träger einer Ethik, eines Habitus, von Interessen, die ihrer sozialen Zugehörigkeit eigentümlich sind –, sodass tatsächlich eine soziale Logik in ihrer sogenannten politischen Praxis am Werk ist. Individuen handeln und durch sie drücken sich Partikularinteressen, partikulare Weltbilder aus – und das Gesetz definiert sich als bewaffneter Ausdruck dieser Willen.[88]

Das Gesetz wählen

Wenn wir uns auf einen Bruch mit jeder sprachlichen und begrifflichen Praxis einlassen, die den Staat von seinen Organen und seinen Inhabern unterscheidet, dann stoßen wir auf das klassische Argument, dem zufolge die rechtliche Rationalität eigene Ansprüche enthält, die eine gewisse Autonomie des Gesetzes gegenüber den es erlassenden Partikularwillen gewährleisten. Jürgen Habermas behauptet, dass der Eintritt in die Welt der Gesetzesausarbeitung und der rechtlichen Diskussion bedeutet, sich in einem Universum von argumentativen Zwängen wiederzufinden, die das Subjekt verpflichten, aus sich heraus zu gehen und sich den Normen zu beugen, die eine Irreduzibilität ihres Diskurses auf ihre sozialen und ökonomischen Interessen gewährleisten. Die öffentliche intersubjektive Prüfung führt dazu, sich den Imperativen der Rationalität und der formalen Ausarbeitung zu unterwerfen, was bewirkt, dass das Subjekt, wenn es das Gesetz ausarbeitet, nicht einfach seinen persönlichen Willen umsetzen kann, sondern manchmal aufgrund von im eigentlichen Sinne rechtlichen Imperativen darauf verzichten muss.[89] Im Grunde und sonderbarerweise vertritt Pierre Bourdieu in seinem Artikel „La force du droit“ und in seinen Vorlesungen über den Staat am Collège de France eine ähnliche Auffassung, wenn er vorbringt, dass die Zwänge der Zensur und der Formgebung, die sich jedem Akteur auferlegen, der im Rechtsbereich Positionen bezieht, die Wirkung haben, eine relative Autonomie seines Diskurses gegenüber seinen sozialen Eigenschaften und Interessen sicher zu stellen, weil sein Diskurs sich den spezifischen Zwängen dieses Bereichs beugen muss.[90]

Gibt es argumentative Zwänge, die sich in der Rechtssphäre den Akteuren trotz und jenseits ihrer individuellen Neigungen auferlegen und die bewirken, dass man einen Fehler beginge, wenn man das Gesetz auf den Willen der Regierenden reduzierte, die sie erlassen und sie durchsetzen wollen? Verunmöglicht eine bestimmte Logik der Formalisierung den Reduktionismus und die Ersetzung einer Analyse des Staats und der juristischen Rationalität durch eine Analyse der Regierenden und ihres Willens?

Abweichende Ansichten

Um die Idee in Frage zu stellen, der zufolge so etwas wie im eigentlichen Sinne rechtliche Anforderungen existieren, kann man die Praxis abweichender Ansichten genauer ansehen, so wie sie vor allem am Obersten Gerichtshof der Vereinigten Staaten oder am Europäischen Gerichtshof für Menschenrechte am Werk ist. Wenn eine Entscheidung in einem Streit gefällt wird, veröffentlichen diese Gerichtshöfe nämlich auch die gegenteilige Entscheidung, die andere Richter vertraten, die aber schließlich nicht zur Anwendung gelangte, weil sie in der Minderheit war. Anders gesagt, die Praxis der Veröffentlichung abweichender Ansichten zeigt, dass zwei rechtlich fundierte Ansichten möglich waren und nur die Mehrheitsregel entschieden hat, wer sich durchsetzte. Nicht die rechtliche Argumentation hat gewonnen, sondern die Zahl. Die rechtliche Argumentation und die Diskussion ergaben nicht an sich ein Resultat, das sich den Sprechern aufgezwungen hätte. Durch die getroffene Entscheidung hat nicht „das Recht" gesprochen, sondern ein paar Individuen (und manchmal ein einziges) haben sich gegen ein paar andere durchgesetzt.[91]

Es gibt keine autonomen Zwänge des Rechts, die die Richter binden – es genügt, an die Umkehrbarkeit der Urteile über die Todesstrafe, die Abtreibung oder die Ehe zwischen Gleichgeschlechtlichen zu denken, an all die Rechtsentscheidungen, die zwischen der ersten Instanz und der Berufung, der Berufung und der Kassation in ihr Gegenteil verkehrt worden sind, oder auch an die Intensität rechtlicher Debatten, die regelmäßig auftauchen und in denen unterschiedliche Optionen einander gegenüberstehen. Das Recht ist ein Werkzeug, das die Sprecher verwenden, um ihre Meinungen durchzusetzen. Jeder öffentliche Prozess oder jede öffentliche Verhandlung ist gewissermaßen die öffentliche Manifestation davon: Individuen begründen juristisch radikal unterschiedliche Ansichten, und Richter debattieren darüber und stimmen abhängig von ihren Neigungen ab. Wie die Bewegung der *Critical Legal Studies* hinreichend gezeigt hat, gibt es eine Unbestimmtheit des Rechts, einen Entscheidungsspielraum für den Richter, und die rechtlichen Entscheidungen sind in ihrer Entstehung selbst von ethischen und sozialen Orientierungen sowohl derjenigen geprägt, die das Gesetz machen, als auch derjenigen, die es anwenden sollen – und folglich sind sie deren Abbild.[92] Jedes Mal, wenn eine Rechtsentscheidung gefällt wird, können wir ihre Richtigkeit dadurch prüfen, dass wir Fragen stellen wie: Wer hat sie getroffen? Auf Kosten welcher anderen Entscheidung, die ebenso möglich gewesen wäre? Wie ist diese Person an diese Machtposition gelangt? Und auf wessen Kosten?

Wenn Gesetz und Wille gleichgesetzt werden, kommt es jedoch nicht in Frage, eine präsentistische Position einzunehmen, die so tut, als ob es in jedem Moment möglich wäre, jeden Willen in Gesetz zu verwandeln. Es gibt offensichtlich rechtliche Zwänge (auch wenn sie sicherlich weniger stark sind, als man glaubt). Doch diese rechtlichen Zwänge sind die Sedimentierung vergangener, Gesetz und Rahmen gewordener Partikularwillen, die also umkehrbar und veränderbar sind. Wenn ich sage, dass wir von Willen regiert werden, die zu Gesetzen geworden sind, bedeutet das, dass wir von Willen regiert werden, die gegenwärtig sind, aber auch von vergangenen Willen, die gegenwärtig bleiben …

Es gab ein nationalsozialistisches Recht

Dass das Recht und die juristische Argumentation keinen inneren Wert besitzen, wird auch deutlich, wenn man sich für die Beziehungen zwischen Rechtspraktiken und dem totalitären Staat interessiert. Olivier Jouanjan zum Beispiel kritisiert in *Justifier l'injustifiable* die recht verbreitete Neigung, der nationalsozialistischen Rechtsordnung die Qualifikation als Recht zu verweigern, weil man gewissermaßen zu verstehen geben will, dass das Recht von Natur aus mit einer politischen Ordnung zusammenhängt, die dem Nationalsozialismus widerstreitet – sodass der Nationalsozialismus eher auf einer Zerstörung der Idee des Rechtsstaats gründe. Jouanjan zeigt hingegen, dass es sehr wohl einen nationalsozialistischen Rechtsdiskurs gab (der vor allem gegen den Positivismus gerichtet war), ein nationalsozialistisches Recht, das eine eigene Logik, eigene Struktur, eigene Begriffe, eigene Juristen und eigene Kasuistik hat, anders gesagt: Es gab einen nationalsozialistischen Rechtsstaat.[93] Damit ist auch gesagt, dass die juristische Rationalität keinen intrinsischen Wert hat, dass es absurd ist zu behaupten, dass die formalen Zwänge, die dem rechtlichen Feld eigentümlich sind, ihm einen Wert sichern würden, der nicht auf seine Sprecher reduzierbar wäre. Wenn es stimmt, dass es ein nationalsozialistisches Recht gab, dann haben die Ideen des Rechts und des Rechtsstaats im Grunde keine positive Bedeutung. Wir können den Begriff „Rechtsstaat" nicht mehr als selbstgenügsame Norm aufrecht erhalten und uns auch nicht auf die Übereinstimmung einer Handlung mit dem Gesetz stützen, um ihren Wert und ihre Akzeptierbarkeit zu garantieren.

Autonomie und Rationalität

Diese geschichtliche Feststellung ermöglicht es, einen Einwand gegen Pierre Bourdieu vorzubringen, wenn er behauptet, dass es die Autonomie rechtlicher Bereiche ermögliche, eine Situation zu schaffen, in der die Existenz von Partikularinteressen bei den Akteuren nicht im Widerspruch zur kollektiven Suche und Produktion von Allgemeinheit stehe: Die Autonomie des rechtlichen Bereichs würde den Akteuren, die in ihm tätig sind, spezifische Zwänge auferlegen (Bourdieu wendet dieselbe Überlegung auf wissenschaftliche Bereiche an), was sie dazu verpflichten würde, unbeachtet ihrer persönlichen Orientierung Formen der juristischen Rationalität zu respektieren (Allgemeinheit, Neutralität, logische Kohärenz), um in diesem Bereich nicht diskreditiert zu werden. Doch dieses Modell ist nicht geschlossen, denn es stellt nicht die soziale Rekrutierung der Juristen, die Interessen, die sie verteidigen, und also die äußere Natur dieser Zwänge in Frage, die auf den internen Sprechern lasten. In einer Welt, in der die Juristen mehrheitlich Nazis sind, bedeutet, sich den Normen des Bereichs zu beugen, sich der nationalsozialistischen Doktrin zu beugen, sodass die „innere Rationalität" und die „Anerkennung durch die Kollegen" tatsächlich als Aufrufe wirken, der nationalsozialistischen Rechtsideologie zu folgen.[94] Diese Beurteilung widerlegt die Vorstellung einer Verbindung zwischen Abgeschlossenheit und Rationalität. Bourdieus Bestätigung der inneren Dynamik der Felder und ihrer Autonomisierung vergisst, die Natur der partikularen – ethischen und sozialen – Sichtweisen derjenigen zu berücksichtigen, die diese Felder konstituieren, die in ihnen Herrschaftspositionen besetzen und ihre Sichtweise durch die „Rationalität" durchsetzen, die sie in ihnen herrschen lassen, sodass eine reduktionistische Methode gültig bleibt (und das Kriterium der Anerkennung durch die Kollegen nicht als besonders stichhaltig erscheint, um die Qualität einer symbolischen Produktion zu bewerten).

Weltbild

Die Behauptung, dass das Gesetz der verstaatlichte Wille sei, bedeutet nicht, die staatlichen Praktiken brutal auf die direkten Interessen derjenigen zurückzuführen, die sie schreiben. Diejenigen, die Positionen im Feld der Regierung, des Parlaments, der Justiz oder der Verwaltung einnehmen, können das auch im Namen einer gewissen Vorstellung vom Staat oder vom Allgemeinen tun. In seinem Werk über das Seerecht, *Une mer jalousée*, rekonstruiert Guillaume Calafat die Debatten, die Juristen, Politiker und Ökonomen über die Stellung des Meeres führen: Lässt sich das Meer aneignen oder ist es öffentlich? Ist es ein öffentliches Gut oder ein

Gemeingut? Welches Recht wird dabei angewandt? Gleicht es der Luft, die allen gehört, oder der Erde, die aufteilbar ist?[95]

Calafat zeigt, dass die Erfindungen der Juristen in diesen Debatten zwar nicht immer unabhängig von nationalen oder wirtschaftlichen Interessen waren, doch zugleich leiteten sich die Positionen, die sie verteidigten, von einer gewissen Interpretation des Allgemeinen, des Rechts und des Eigentums her. Man kann also behaupten, dass das Gesetz, das am Ende all dieser Debatten als Gesetz triumphieren wird, die Verstaatlichung eines besonderen Willens sein wird, ohne dass man zu sagen braucht, dass sich darin notwendigerweise ein Klasseninteresse oder gar ein direktes partikulares Interesse desjenigen ausdrückt, der es verteidigt hat. Es setzt sich eine spezifische Definitionsweise der Allgemeinheit oder der Rechtsanschauung durch – wichtig ist hier das Wort *spezifisch*, das heißt, es ist wichtig, dass es eine Kluft, eine Wahl, eine andere Möglichkeit gibt. Selbst wenn die Formulierung des Rechts nicht einem direkten und eigenen Interesse entstammt, drückt sie doch eine persönliche Sichtweise aus. Von dem Moment an, da das Recht und der Staat unbestimmt sind, bedeutet einem Recht und einem Staat unterworfen zu sein, individuellen Willen unterworfen zu sein, das heißt mit Entscheidungen zu tun zu haben, die normiert und legalisiert worden sind. Reduktionismus bedeutet keine Wiederbelebung des Ökonomismus. Er verlangt im Gegenteil eine Aufmerksamkeit für die Vielfalt der Formen, die die individuelle und dezisionale Verankerung der als staatlich dargestellten Akte annimmt – die selbst manchmal im Namen einer Idee des Staats gesetzt werden, aber einer singulären und nicht allgemein geteilten Idee.

2. Gezieltes Auswählen

Die Entscheidungsdimension des Gesetzes ergibt sich nicht nur daraus, dass staatliche Maßnahmen sich auf partikulare Entscheidungen reduzieren: Sie wird im Übergang des Gesetzes in den praktischen Zustand gleichsam verdoppelt und verstärkt. Es besteht ein Verhältnis zwischen Gesetz und Entscheidung, zuerst während des Verfassens des Gesetzes selbst und dann bei seiner Umsetzung.[96]

Oft stellt man den Rechtsstaat, der durch die Herrschaft des unpersönlichen und abstrakten Gesetzes einen Schutz gewährleistet, dem „Absolutismus“ entgegen, in dem die Individuen dem Partikularwillen eines Königs ausgesetzt waren und wo der Souverän insbesondere durch die Lettres de cachet ein Individuum ins Gefängnis werfen konnte.

Doch man könnte die Dinge auch ganz anders sehen: Wir begehen schließlich alle, jeden Tag, kleine oder große Delikte, oder wir alle haben welche begangen. Wir haben alle eine Vergangenheit und eine Gegenwart; die Verhaltensweisen von Unternehmen, Einzelpersonen und Institutionen entfalten sich in einer Illegalitätszone, ob es sich um unsere Praktiken im Internet, um Steuern, um Drogenkonsum, um Beleidigungen oder um Sexualität handelt … Wir stehen alle mit einem Fuß in der Illegalität.

Eine Gesellschaft erzeugt in jedem Augenblick eine Vielfalt von Illegalitäten, die dem repressiven Staatsapparat im Prinzip weder vollständig bekannt noch von ihm zur Gänze unterdrückt werden können.

Das Gesetz ist also vielleicht nicht so sehr ein System, das zum Ziel hat, die Verhaltensweisen zu normalisieren, sondern vielmehr ein System, das der Polizei und dem Staatsanwalt die Macht verleiht, *auszuwählen*, wer mit ihm zu tun bekommen wird oder, um es weniger individualisiert zu sagen, welche Gruppen von Individuen aufgrund welcher Art von Delikten mit ihm zu tun bekommen werden. Man sieht das ganz klar in der Drogenfrage in den Vereinigten Staaten, wo dieselben Regulierungen auf ganz unterschiedliche Wirkungen hinauslaufen abhängig von Geschlecht, Rasse und Klasse der betroffenen Individuen. Während Schwarze und Weiße vergleichbare Praktiken im Drogenkonsum und Drogenhandel haben, hat es der Krieg gegen Drogen überproportional auf die Schwarzen abgesehen. In manchen Staaten der Vereinigten Staaten sind afroamerikanische Männer für diese Delikte zwanzig bis fünfzig Mal häufiger im Gefängnis als Weiße.[97]

Diese Analysen führen uns dazu, die Unterscheidung zwischen Rechtsstaat und Polizeistaat, zwischen dem Respekt für „legale" Verfahren und der „Willkür", zwischen unpersönlichem Gesetz und individuellem Willen in einem neuen Licht zu sehen. Unter dem Absolutismus war die Lettre de cachet ein Dispositiv, durch das der Souverän willkürlich jemanden ins Gefängnis werfen lassen konnte. Das Verhältnis zum Souverän erschien also in seiner Wahrheit als interindividuelles Verhältnis, als Verhältnis der Konfrontation zwischen Willen. Dieses Dispositiv ist nur scheinbar aufgehoben worden: Die privilegierte Position, die der Souverän einnimmt, existiert immer noch. Die Verbindung zwischen der Existenz eines Rechtssystems und der Tatsache, dass jedes Leben in Illegalitätszonen abläuft, bedeutet, dass der Rechtsstaat eigentlich der Polizei und denjenigen, die sein Handeln leiten, eine willkürliche Macht über die Leben verleiht. Die Ordnungskräfte mit ihrer Vormundschaft und mit dem Gericht – das über einen Ermessensspielraum für das Beginnen von Strafverfolgung verfügt – sind in der Lage, sich willentlich Ziele auszusuchen und unter den Individuen und Gruppen, die die soziale Welt bevölkern, diejenigen auszuwählen, die ins Gefängnis müssen, diejenigen, die in die Fänge des repressiven Staatsapparat geraten. Was man „Rechtsstaat" nennt, beendet nicht die Willkür, sondern überträgt die Willkür dem Paar von Gericht und Polizei. Das Gesetz als solches hat keine Macht. Es ist ein Rahmen, der bestimmten Gruppen

Macht verleiht, oder auf den bestimmte Gruppen sich stützen, um ihre Macht auszuüben. Wie würde eine Welt aussehen, in der Polizeikontrollen und Patrouillen nicht auf die Armenviertel konzentriert wären, sondern eher auf die Banken und die Firmensitze großer Unternehmen? Zwischen unserer Welt und dieser anderen Welt steht eine gesellschaftliche Entscheidung, und die Polizei und diejenigen, die ihre Aktion leiten, treffen sie und setzen sie um. Mit denselben Gesetzen könnten wir in einer ganz anderen Gesellschaft leben.

Die Anwendung als Entscheidung

Um den Übergang vom Gesetz als Text zum Gesetz als Wirklichkeit, der eine praktische Wirksamkeit innewohnt, zu verstehen, verwendet man im Allgemeinen den Begriff der Anwendung: Man wendet das Gesetz an. Doch in Wirklichkeit wird das Gesetz nicht „angewandt". *Es wird innerhalb einer Praxis des gezielten Auswählens verwendet und funktioniert innerhalb dieser Praxis.* Das Verhältnis zwischen der Problematik des Gesetzes und der Problematik des gezielten Auswählens – das heißt der Wahl, der Interpretation und der Entscheidung – besteht auf allen Ebenen. Das gezielte Auswählen kann persönlich sein, wie man es namentlich sieht, wenn die Autoritäten Individuen angreifen, die sie in Frage stellen, wie in den Affären ersichtlich ist, in denen die Methoden der Polizei angeprangert werden (man kennt heute die Aufzeichnungen des FBI, die zeigen, dass es bewusste Strategien gab, die Black Panther Party als eine der größten Gefahren für die öffentliche Ordnung Amerikas zu vernichten: Inhaftierung, Beschuldigung und Anklage wegen Drogenhandels)[98]. Das gezielte Auswählen kann auch politisch sein, wie man es in Frankreich bei den Demonstrationen der Gelbwesten gesehen hat, wo die Polizei, Staatsanwälte und Richter ein Delikt interpretiert, erweitert und umgedeutet haben – das als „Teilnahme an einer Gruppierung, die die Absicht hat, Gewalt auszuüben" ursprünglich darauf abzielte, die Bandenbildung zu bekämpfen –, um vorbeugend Individuen festzunehmen, die der Absicht zu demonstrieren verdächtigt wurden (manche wurden in ihrem Auto festgenommen, wo sie in keiner Weise an einer Gruppierung teilnahmen), ja sogar, um Journalisten in Polizeigewahrsam zu nehmen, die von den Demonstrationen berichteten. Es kann schließlich, wenn man eine breitere und strukturellere Perspektive einnimmt, sozial sein: Die unterschiedliche Behandlung junger schwarzer und arabischer Männer und junger Weißer für dieselben Verhaltensweisen zeigt, dass die Strafpolitik auf einer *Entscheidung* beruht, Gruppen von Individuen einzusperren, wie der amerikanische Soziologe David Garland sagt.

Die Idee eines intersubjektiven, abstrakten, rationalen Gesetzes, das frei jeglichen dezisionistischen und partikularen Elements sei, ist nicht haltbar. Jedes Gesetz wird entschieden, interpretiert, manipuliert. Jeder Einsatz des Strafapparats ist eine Konsequenz von politischen und persönlichen Entscheidungen. Die Formulierung der Rechtsordnung und sodann ihre polizeiliche sowie gerichtliche Anwendung sind das Ergebnis von Willen.[99]

Jedes Mal, wenn ein Gesetz angewandt wird, kann ich also legitimer Weise fragen: Warum ich? Wer hat dieses Gesetz verfasst? Wer hat entschieden, mich auszuwählen? Warum jetzt? Wer entscheidet? Ich bin berechtigt, diese Situation als willkürliche Verfolgung zu erleben.

Wenn man sich von den Abstraktionen befreit, die man systematisch verwendet, kann man die Wahrheit offizieller Institutionen begreifen und sie in der Wirklichkeit ihrer persönlichen Verkörperung und ihrer territorialen Einschreibung erfassen. Es ergibt sich daraus eine Sichtweise des Gesetzes als eines Dispositivs, das einigen bestimmten Individuen Macht verleiht, die, weil sie bestimmte Positionen besetzen, sich seiner bedienen, um ihre ethischen Entscheidungen und Orientierungen durchzusetzen. Es ist ein Werkzeug. Es geht hier nicht darum zu sagen, unsere „Rechtsstaaten" seien unvollkommen, sondern darum, dem Begriff des Rechtsstaats eine ganz andere Bedeutung zu verleihen als die, die abstrakt mit ihm verbunden ist. Der Staat kann nicht als Diener des Rechts beschrieben werden oder als eine Entität, die das Recht anwendet. Es handelt sich vielmehr um einen Organismus, innerhalb dessen Gruppen und Individuen das Recht benutzen, um uns ihre Orientierungen aufzuzwingen. So, als ob die Souveränität sich nicht durch die Anwendung des Rechts oder durch die Aufhebung des Rechts definierte (gemäß der zwei klassischen Optionen der politischen Theorie), sondern durch die Verfügbarkeit der Rechtsordnung für die Ausübung einer spezifischen Herrschaft.

IV. Die politische Szene

1. Konfrontation

So wie Max Weinreich sagte, dass eine Sprache ein Dialekt mit einer Armee und einer Marine sei, kann man das Gesetz als einen Willen mit einer Polizei definieren. Was sich uns unter dem Namen des Gesetzes darstellt, ist niemals etwas anderes als ein individuelles Begehren, das es geschafft hat, Gesetz zu werden. Wenn es einen Gegensatz zwischen meinem Willen und der Rechtsordnung gibt, dann ist das ein Gegensatz zwischen zwei Willen: meinem Willen einerseits und dem Willen anderer Personen, die von der Polizei und einem Repressionsapparat unterstützt werden.

Kluft

Natürlich geht es nicht einfach darum zu behaupten, dass wir immer im Konflikt mit dem stehen, was das Gesetz vorgibt oder dass wir notwendigerweise etwas anderes wollen als das, was legal ist. Es gibt sogar gute Gründe dafür, manchmal das zu wollen, was das Gesetz will, das heißt das zu wollen, was diejenigen wollten, die ihren Willen zum Gesetz gemacht haben. Der Staat ist eine widersprüchliche Entität, die von heterogenen Logiken durchwirkt ist. Das Gesetz kann ein Rationalisierungsprinzip sein oder nicht, es kann Herrschaftskräfte bekämpfen oder unterstützen. Der Staat hat, wie Pierre Bourdieu sagt, eine rechte Hand und eine linke Hand … Es ist durchaus legitim, keine systematische Fremdheit zwischen dem, was ich will, und dem, was das Gesetz sagt, zu verspüren. Es ist legitim, sich bisweilen zu einer bestimmten Praxis des Staates zu bekennen und seine Handlungen gutzuheißen. Es kann auch vorkommen, dass es uns selbst gelingt, unserem Willen Gesetzesform zu verleihen, und dass wir mittels des Staates Zwang über andere ausüben. Es kommt also nicht in Frage, hier eine naive Analyse hervorzubringen, die abrupt alles Staatliche mit einer negativen Kraft gleichsetzt, der wir uns notwendiger Weise widersetzen müssten.

Doch weil wir in einer Welt von Antagonismen leben, verlangt es das Verständnis der Lage, in der wir als politische Subjekte uns befinden, die Konfliktsituation zwischen einem Subjekt und der Rechtsordnung ins Zentrum der Überlegungen zu stellen. Wer Gesetz sagt, sagt Konfrontation. Wir müssen die politischen Verhältnisse also ausgehend von der Szene der Konfrontation denken.

Eine Rechtsordnung ist vielfältig, komplex und besteht aus unterschiedlichen Regeln und Gesetzen. Ich kann als Subjekt gegenüber jeder dieser rechtlichen Realitäten zwei Positionen einnehmen: Entweder bin ich durch das Gesetz mit dem Willen eines anderen konfrontiert, mit dem ich nicht einverstanden bin, oder umgekehrt, ich übe, indem ich das Gesetz will, Zwang auf andere aus. Doch egal, ob ich das Gesetz will oder nicht, *immer ist ein Konfrontationsdispositiv am Werk, und diese Tatsache enthält die Wahrheit dessen, was in politischer Hinsicht vor sich geht.*

Die zwei Positionen, die ich gerade beschrieben habe, sind von einem theoretischen Standpunkt aus nicht gleichwertig: Wenn wir über unsere Situation nachdenken, wenn wir ehrlich die (kleinen oder großen) Gesetzesübertretungen, die jeder täglich begeht, und unsere tatsächlichen Willen oder Begehren in Betracht ziehen, dann ist die Übereinstimmung zwischen unseren Neigungen und der Rechtsordnung oder der Regierungspraxis sehr selten. Die politische Beziehung nimmt weitgehend die Form einer erlittenen Interaktion an. Oder sagen wir vielmehr, dass für jeden von uns das Gesetz als Gesetz erscheint, und die politische Frage vor allem im Rahmen einer Erfahrung auftaucht, in der ich mit einem Willen konfrontiert bin, der nicht der meine ist, der mir von außen von einer Ordnung aufgezwungen wird, in der ich von Geburt an gefangen bin, die über eine Polizei verfügt und mit dem Strafapparat drohen kann.

Die politische Frage mit der Szene der Konfrontation zu verbinden, bedeutet eine Umkehrung der Art und Weise, wie seit Hobbes und Rousseau die politische Theorie konstruiert wird. Sie geht nämlich von einer Problematik des Einverständnisses, des Vertrags, der Intersubjektivität aus und löst sich somit als politische Theorie gewissermaßen selbst auf. John Rawls behauptet zum Beispiel, dass derjenige ein politisches Subjekt ist, der gemäß den Kriterien handelt, von denen es vernünftig ist zu hoffen, dass die anderen ihnen auch zustimmen.[100] Doch die Definition der politischen Reflexion als einer Suche nach Formen, die von den Subjekten, die diesen Formen unterworfen sind, universal anerkannt werden, läuft auf eine Reflexion über Staat und Gesetz hinaus, bei der die Probleme so gestellt werden, dass es kein Problem mehr gibt – da es keine Gegensatzbeziehung mehr gibt. Das Individuum des Gesellschaftsvertrags, das Habermas'sche Individuum, das Rawls'sche Individuum ist mit den anderen der Miturheber der Souveränität und der Rechtsordnung. Das, was man politische Theorie nennt, ist dann, wenn sie sich auf die Begriffe der Intersubjektivität, der Anerkennung, des Gemeinsamen, der Ethik oder des Universellen stützt, in diesem Sinne keine politische Theorie mehr, denn sie verlässt den Raum der politischen Probleme.[101]

Wie Hans Kelsen sagt, betrifft die politische Problematik nicht Individuen, die diskutieren oder Verträge abschließen, um eine Gemeinschaft zu organisieren, der sie gemeinsam angehören würden. Die Politik wirft nicht das Problem der Verfassung und Verwaltung eines „politischen Körpers" auf, sondern sie wirft das Problem auf, welchen Platz man dem Individuum zugesteht, das einen anderen Willen entfaltet, als den des Gesetzes. Die Frage der Politik erscheint im Moment der Konfrontation zwischen dem, was jemand will, und dem, was das Gesetz sagt.[102] Wenn es keine Kluft gibt, ist die politische Frage beseitigt. Es gibt nichts mehr zu sagen, nichts mehr zu analysieren, nichts mehr zu gründen, weil jeder von seinem Willen regiert wird, wenn er so handelt, wie es das Gesetz will. Aber was ist, wenn wir nicht einverstanden sind? Oder wenn wir die Welt nicht mögen, so wie das Gesetz sie existieren lässt? In diesem Moment taucht für jeden von uns das Problem auf, was es heißt, unter einer Rechtsordnung zu leben, mit dem Gesetz konfrontiert zu sein und einem Staat anzugehören.

Orte

Weil die politische Frage auftaucht, sobald ein Subjekt auf die Ordnung des Gesetzes stößt, verlangt die Konstruktion einer Theorie des politischen Bewusstseins, dass wir uns freimachen von einer Art Legitimismus, der dem Rechts- und Staatsdenken eingeschrieben ist. Wenn wir über die Politik nachdenken, richtet sich unsere Aufmerksamkeit quasi automatisch auf Orte, Szenen oder Subjekte, die uns repräsentativ erscheinen: Der Ort der Politik wäre das Parlament, der Präsidentenpalast, der oberste Gerichtshof usw.; das politische Subjekt par excellence wäre der Abgeordnete oder der Präsident der Republik oder auch der Verfassungsrichter.

Doch wir müssen unseren Blick auf andere Bereiche der sozialen Welt richten. Da die Realität der Politik im Akt der Konfrontation mit der Rechtsordnung liegt, darf das Individuum, auf das die Theorie sich bezieht, nicht der Abgeordnete, der Richter oder der Präsident sein, sondern muss jene andere Figur sein, die in theoretischen Schriften so gut wie völlig fehlt oder nur an ihren Rändern vorkommt: der Kleinkriminelle, der Terrorist, der Bankräuber, der illegale Einwanderer, der Anarchist. Man könnte sagen, dass *der von der Polizei festgenommene Mensch* zum Referenzrahmen der Theorie werden muss und dass man ausgehend von ihm den Menschen denken muss, der nicht von der Polizei festgenommen wurde. Während die Theorie traditionellerweise mit der Setzung der Prinzipien des Rechts und der Politik beginnt und sich nur am Ende möglicherweise die Frage des Verbrechens, des Verbrechers und des Rebellen stellt (nach diesem Schema geht sowohl Hobbes' *Leviathan* als auch Rousseaus *Gesellschaftsvertrag* vor), müssen wir die Perspektive umkehren: Wir müssen vom Verbrechen und vom Verbrecher ausgehen, von seiner Subjektivität und seinem Leben, um einen Begriff des Gesetzes, des Rechts und des Staats zu konstruieren.

In *No Name in the Street* unterstreicht James Baldwin, dass wenn man verstehen will, wie die Justiz in einer gegebenen Gesellschaft funktioniert, man nicht die Polizisten, Richter, Anwälte oder behüteten Mitglieder der Mittelklasse fragen darf. Man muss zu den schutzlosen Individuen gehen, zu jenen eben, die den Schutz des Gesetzes bräuchten: zum Mexikaner, Portoricaner, Schwarzen, Armen. Sie muss man fragen, was sie von der Justiz halten, wie sie ihre Funktionsweise sehen, und ausgehend von ihrem Zeugnis wird man auf die Frage antworten können, ob unsere Gesellschaften überhaupt einen „Begriff" der Gerechtigkeit haben. Auf dieselbe Weise muss man, wenn man die Funktionsweise des Gesetzes verstehen will, wenn man einen angemessenen Begriff des Gesetzes hervorbringen will, die Erfahrung desjenigen untersuchen, der ihm ausgesetzt ist.

Im Grunde ist die Frage, die sich stellt, was ein politischer Moment ist: Ausgehend von welcher Figur des Subjekts, von welchem Bild muss man die politische Theorie konstruieren? Die grundlegende politische Szene ist nicht die, in der im Parlament ein Gesetz verabschiedet wird, sondern eine Szene, die sich jeden Tag abspielt, wo Polizisten am Morgen bei jemandem die Tür einschlagen, der nackt und in Handschellen auf den Boden geworfen wird, der entführt, gefesselt, befragt, inhaftiert wird.

Descartes hat das Cogito als Moment der Selbstbewusstwerdung des Subjekts festgesetzt. Merleau-Ponty hat das Berühren-Berührtwerden als die Erfahrung definiert, in der das Subjekt sich als sinnliches Subjekt erfasst. Man könnte sagen, dass die Begegnung mit einem Polizisten das Berühren-Berührtwerden des politischen Subjekts ist, die Aktion, durch die das Subjekt physisch seine Situation als politisches Wesen versteht, als eines vom Willen des anderen – vermittels des Staats – eingeschränkten Subjekts. Das ist der Moment, in dem die Gewaltbeziehung erscheint, die jeglicher Rechtsordnung konstitutiv ist. Und während in meinem Bezug zu meinem Bewusstsein oder zu meinem Leib der Akt, in dem ich mich erfasse, ein Selbstbezug ist, ist der Moment, in dem ich mich als politisches Subjekt erfahre, kein Bezug der Selbstkonstitution, sondern ein Bezug zu einem einschränkenden Außen. Die politische Erfahrung ist nicht der Moment, in dem ich einen Vertrag eingehe, sie liegt vielmehr in dem Moment, in dem ich festgenommen werde – in der Tatsache, immer festgenommen werden zu können.

2. Vor dem Gesetz

Wenn sich die Wirklichkeit der Politik in der Konfrontationsszene offenbart – wie ist diese dann zu denken? Welche Wörter und Begriffe sollten wir verwenden, um die Konfrontation mit dem Gesetz und also unsere politische Erfahrung zu verstehen? Und wie ist ausgehend von diesem Verständnis unsere politische Sprache zu rekonstruieren?

Um die Handlungen eines Subjekts zu benennen, das ein Verhalten an den Tag legt, das von dem, das das Gesetz vorschreibt, abweicht, verwenden wir im Allgemeinen den Ausdruck „Ungehorsam". Dieses Wort zwingt sich uns sowohl in der politischen Theorie als auch im Alltag oder im aktivistischen oder polizeilichen Milieu auf. Es ist allgegenwärtig. Es wird konstativ verwendet, es hat dieselbe Bedeutung, egal ob ein Anarchist, John Rawls oder der Innenminister es gebraucht.

Doch dieser Begriff des Ungehorsams ist alles andere als neutral, er ist mit einer bestimmten Konzeption des politischen Körpers, des Staatsgebiets, der Legitimität, des Staats, der Zugehörigkeit und des Verhältnisses des Individuums zum Gesetz verbunden. Er ist so etwas wie der Endpunkt einer ganzen politischen Mystifizierung, von der wir uns fernhalten müssen, um eine realistische Theorie unseres Bezugs zu dem ausarbeiten zu können, was sich uns als „Staat" oder „Gesetz" aufdrängt.

Vergangenheit: Ungehorsam oder Flucht

Ich habe mir schon vor diesem Buch Gedanken über die Stichhaltigkeit des Begriffs des Ungehorsams gemacht. In *Die Kunst der Revolte*[103] versuche ich zu zeigen, dass es nicht angebracht ist, das politische Leben Edward Snowdens mithilfe der Kategorie des „Ungehorsams" zu denken, wie das spontan und auch von ihm selbst getan wurde. Snowden hat zwar Geheimdokumente veröffentlicht, die die Umsetzung illegaler Massenüberwachungsprogramme in den Vereinigten Staaten aufgezeigt haben. Doch zugleich hat er seinen politischen Akt und sein Wortergreifen immer mit einer Fluchtbewegung verbunden. Snowdens Vorgehensweise ist dadurch bedingt, dass er aus den Vereinigten Staaten geflohen ist und dafür gesorgt hat, niemals dorthin ausgeliefert zu werden: Er ist zuerst nach Hong Kong gegangen, dann, nachdem er versucht hatte, nach Ecuador zu flüchten, hat er in Russland Asyl erhalten, wo er immer noch lebt.

Diese Fluchtbewegung, dieses Ansuchen um Asyl ist sehr bezeichnend und führt zu einigen wesentlichen Konsequenzen für das Nachdenken über das politische Subjekt und sein Verhältnis zum Gesetz. Die Flucht ist nämlich dem Ungehorsam, so wie er normalerweise geübt wird, entgegengesetzt. „Ungehorsam" und „Flucht" sind zwei gegenteilige Weisen der Konfrontation mit dem Gesetz, die entgegengesetzte Subjektivierungsweisen und unterschiedliche Weisen implizieren, wie das Subjekt sich zur Rechtsordnung, zum Staat und zu den anderen verhält.

Die Texte über den zivilen Ungehorsam verbinden immer die vorgebliche „Größe" dieser Praxis damit, dass sie einen inneren Konflikt ins Recht einführt: Der zivile Ungehorsam verwendet die Grundwerte einer Gesellschaft, ihre Verfassung, um ihre Gesetze oder ihre aktuelle Organisation zu kritisieren. Man entscheidet – gerade im Namen der Treue zu den wesentlichen Werten der Verfassung –, in Konflikt mit den Gesetzen, die sie anwenden, zu treten. Das Subjekt konstituiert sich als politisches Subjekt, indem es seine Zugehörigkeit zur Rechtsgemeinschaft, an die es sich wendet, behauptet. In gewisser Weise stellt es sich sogar als ihr treuestes Mitglied dar, das ihren Werten am meisten verbunden wäre: In ihrem Namen und im Namen der Anforderungen, die sie verkörpern, tritt es in den Kampf.

Doch fliehen, flüchten, weglaufen, wie Snowden es getan hat, konstituiert das politische Subjekt auf andere Weise. Wenn man

Snowdens Geste radikalisiert, dann sieht man, dass es im Wesentlichen nicht darum geht, seine politische Gemeinschaft zu verändern, sondern die politische Gemeinschaft zu wechseln. Der Ungehorsame hält an seiner Nation fest und möchte die Gesetze verändern; Snowden hingegen begann eine Desubjektivierung, die ihn dazu führte, nicht mehr an seiner Nation festzuhalten: Er hat sich entschlossen wegzugehen, sie zu verlassen, sich von ihr zu trennen. Es ging für ihn weniger darum, Ungehorsam zu leisten, als abzudanken. Snowdens Leben sagt nicht: Ich leiste Ungehorsam, um meine politische Gemeinschaft zu verändern, sondern ich ändere meine Zugehörigkeit, ich flüchte, ich verlasse diese politische Gemeinschaft, ich gebe meine Nationalität auf – daher seine zahlreichen Asylansuchen.

Der Ungehorsam stellt einen Akt dar, der paradox ist in Bezug auf die Gemeinschaft, in der er sich entfaltet. Wenn man den Akt, den man vollzieht, als Ungehorsam denkt, dann ist man Teil des Rechtssystems, dann erkennt man an, dass das Gesetz auf einen selbst anwendbar sein muss, und entscheidet dennoch, dass man ihm nicht folgt. In anderen Worten, man kann einem Gesetz gegenüber nur ungehorsam sein, wenn man es als das eigene anerkennt und folglich sich als Teil der Gemeinschaft versteht, in der es herrscht. Im Gegensatz dazu besteht Snowdens Vorgehensweise darin, sich von der Ordnung des Gesetzes zu emanzipieren, sein Anwendungsfeld, den Raum seines *enforcement* zu verlassen, das heißt in der Weigerung, sich in Bezug zum Gesetz zu definieren (oder genauer, in dem Versuch, sich von der Rechtsordnung zu emanzipieren, denn man verlässt sie niemals völlig und kann immer zu ihr zurückgerufen werden; oder anders gesagt, man kann sie nur verlassen, indem man sich einer anderen Rechtsordnung unterwirft, was die Frage aufwirft, ob es möglich ist, dem Staat zu entkommen …). Es ist nicht mehr sein Gesetz, es betrifft ihn nicht mehr. Flüchten heißt, seine Einschreibung in das Rechtssystem abzulehnen, heißt, eine Gestalt des Subjekts zur Existenz zu bringen, die sich das Recht verleiht, das Gesetz nicht mehr als das seine und als verbindlich anzuerkennen.

Zu sagen, Snowden habe Ungehorsam geleistet, bedeutet also, seine Geste, ihr Wesen und ihre Implikationen nicht zu verstehen.

Schlimmer noch, es bedeutet, seinem Akt das zu verweigern, was er leisten sollte, weil es bedeutet, ihn wieder in die Rechtsordnung einzufügen, die er aufgegeben hat, indem er die Gemeinschaft, zu der er gehört, gewechselt hat. Kurz, seine Geste als Ungehorsam zu kodieren, würde bedeuten, sie der Rechtsordnung zu unterwerfen, von der er sich hat freimachen wollen.

Jetzt: Konfrontation und Nichtzugehörigkeit

In diesen Reflexionen über Edward Snowden ging es darum, zu zeigen, dass es mehrere Formen des Abweichens von der Rechtsordnung geben kann und dass nicht alle Handlungen unter die Kategorie des Ungehorsams eingeordnet werden dürfen. Es ging nicht darum, den Begriff des Ungehorsams als solchen zu kritisieren, sondern bloß darum, zu zeigen, wie Snowdens Taten einer anderen Tradition angehören – der Flucht, dem Aufruhr, der Ablehnung der Zugehörigkeit.

Es scheint mir nunmehr notwendig zu sein, weiter zu gehen und von einer beschreibenden Analyse dieses Individuums zu einer ontologischen Analyse überzugehen, die allgemein gültig ist. Das Nachdenken über Snowden ermöglicht es, sich bewusst zu werden, dass der Ungehorsam die Zugehörigkeit voraussetzt. Es besteht ein Verhältnis zwischen dem Begriff des Ungehorsams, dem Begriff des Territoriums und dem der Zugehörigkeit: Eine Rechtsordnung entfaltet sich innerhalb eines Territoriums und wird dort angewandt. Ich bin diesem Gesetz unterworfen und kann folglich Ungehorsam nur leisten, wenn ich mich im Raum seines *enforcement* befinde. Wenn ich wie Snowden diese Zugehörigkeit in Frage stelle, bringe ich die Gültigkeit der Kategorie des Ungehorsams ins Wanken.

Die Behauptung, jemand habe dem Gesetz Ungehorsam geleistet, ist also keine Feststellung, sondern dieser jemand wird damit als Subjekt des Gesetzes positioniert und es wird ihm eine Zughörigkeit zugewiesen. Wenn ich diese Überlegung auf mein Beispiel anwende: Wenn ich handle und ich mich dabei in Frankreich befinde, wird meine Handlung niemals in Bezug auf das chinesische oder deutsche Gesetz beurteilt werden. Wenn ich handle, dann leiste ich, worin auch immer diese Handlung besteht, keinen Ungehorsam gegenüber dem chinesischen oder deutschen Gesetz. Es wäre absurd zu behaupten, mein Verhalten bestimme sich in Verhältnis zu diesen Rechtsordnungen. Tatsächlich nimmt man an, dass ich mich nur in Bezug auf das französische Gesetz verorten kann – oder vielmehr verorte ich mich tatsächlich zu ihm. Man wird das Wort Ungehorsam nur dazu verwenden, mein Verhältnis zu einem Gesetz zu bezeichnen, von dem man annimmt, dass ich seinem Raum angehöre. Die Kategorie des Ungehorsams setzt also ein vorgängiges Bekenntnis zu einer Rechtsordnung und die Konstitution als Subjekt innerhalb dieser Ordnung voraus.

Pflicht

Der Gebrauch des Begriffs des Ungehorsams bedeutet nicht nur, eine Zugehörigkeitshypothese zu bestätigen, sondern auch anzunehmen, dass das Subjekt dem Staat verpflichtet ist, dass es ihm etwas schuldet und dass der Staat das Recht hat, dem Subjekt Befehle zu erteilen: Wenn mein Nachbar zu mir kommt und mir sagt, ich solle nicht zu viel Lärm machen, und ich eines Tages Lärm mache, dann würden wir offensichtlich nicht sagen, dass ich ihm ungehorsam bin, denn er ist nicht in der Lage, mir Befehle zu erteilen, die mich betreffen. Unsere beiden Willen treffen aufeinander. Ich behaupte meinen Willen gegen den seinen und das Verhältnis zwischen uns ist ein Verhältnis der reinen Äußerlichkeit zwischen zwei entgegengesetzten Willen. Ich bin meinem Nachbarn gegenüber nicht ungehorsam, wenn ich mit ihm im Streit liege. Warum sagt man also, dass ich dem Staat Ungehorsam leiste? Die Kategorie des „Ungehorsams" setzt eine Anerkennung der Berechtigung voraus, mir Befehle zu erteilen. Ich kann nur ungehorsam sein, wenn ich als unterworfenes Subjekt konstituiert bin: „Ungehorsam sein" setzt voraus, den Gehorsam als primären und normalen Akt zu setzen und die abweichende Handlung als Ablehnung des Konformismus zu bestimmen.

Wenn ich sage, dass ich ungehorsam bin, erkenne ich an, dass ich dem Staat angehöre und dass es legitim ist, dass er Macht über mich ausübt. Ich kann nur ungehorsam sein, wenn ich gehorchen müsste. Doch inwiefern hat der Staat Autorität über mich? Warum sollte man hinnehmen, dass er die Regeln festlegt und dass meine Handlungen sich im Verhältnis zum Staat bestimmen?

Anmaßung

Man könnte versucht sein, darauf zu antworten, dass der Begriff des Ungehorsams rein deskriptiv ist: Seine Verwendung liefe einfach darauf hinaus, zur Kenntnis zu nehmen, dass in dem Territorium, in dem ich mich befinde, ein Gesetz den Anspruch erhebt, für mich zu gelten, und dass ich anders handle, als es dieses Gesetz verlangt. Vielleicht stimmt das. Doch diese Erzählung ist weniger beschreibend, als sie vorgibt. Denn die Konstruktion der Souveränität besteht vielleicht in nichts anderem als in der Anmaßung des Staats, in einem Land zu gelten, und in der Anerkennung dieses Anspruchs. Wenn ich den Begriff des Ungehorsams verwende, bestätige ich gewissermaßen die Anmaßung des Staats und habe an seiner Konstruktion teil. Ich bestätige die Vorstellung, dass ich dem Gesetz etwas schulde. Die Ablehnung des Begriffs des Ungehorsams bedeutet nicht abzustreiten, dass es zu einem Konflikt mit dem Staat kommen wird, wenn ich anders handle, als es staatlich vorgegeben ist, sondern regt dazu an, andere Wörter zur Beschreibung dieser Abfolge zu verwenden und folglich, die Beziehung des Subjekt zum Gesetz anders zu konstruieren.

Zugehörigkeit

Der Grund, weshalb es mir schien, dass Edward Snowdens Geste sich vom zivilen Ungehorsam unterscheidet, ist, dass sein Verlassen der Vereinigten Staaten zu sagen scheint: Das amerikanische Gesetz ist nicht mehr mein Gesetz. Ich trenne mich von meinem Land. Doch tatsächlich könnte man fragen, ob es notwendig ist, im geographischen Sinne wegzugehen, damit ein Akt der Ablehnung eine Realität bezeichnet. Und sogar: Ist dieser Akt der Ablehnung notwendig, um von einer Äußerlichkeit des Subjekts gegenüber der Rechtsordnung zu sprechen? Bedeutet die Behauptung, Snowden *nimmt* seine Zustimmung *zurück* oder er *flüchtet*, nicht vorauszusetzen, dass er eingeschlossen war, dass er seine Zustimmung gegeben hatte und nunmehr die gegenteilige Geste vollzieht? Es gibt, bei Emerson und Thoreau zum Beispiel, eine amerikanische Tradition der Reflexion über das Recht, „seine Stimme" aus der Gesellschaft „zurückzuziehen", über die Möglichkeit, sich vom Staat scheiden zu lassen, sich von ihm zu trennen, wegzugehen ...[104] Doch setzt diese Tradition nicht genauso eine ursprüngliche Teilhabe des politischen Subjekts am Staat und am Rechtssystem voraus?

Es als offensichtlich darzustellen, dass wir der Rechtsordnung angehören, drückt eine Tendenz aus, allzu spontan an die Performativität der Staatsakte zu glauben. Wenn eine Entität mir sagt „Du gehörst mir"; wenn sie mir Dokumente gibt, wenn sie behauptet, dass sie Truppen schicken wird, um mich zur Ordnung zu rufen, wenn ich mich ihrem Willen widersetze, dann ist es nicht angemessen zu sagen, dass ich ihr angehöre, dass sie mich als der Ihre konstruiert, man sollte vielmehr sagen, dass sie versucht, mir eine Ordnung aufzuerlegen, dass sie einen Gewaltstreich versucht. Diese Bindung ist einseitig und sie bleibt einseitig. Und wenn ich anders handle, als es diese Einheit wünscht, dann löse ich nicht die Bindung, denn es gab nie eine Bindung.

Inwiefern *gehört* ein Individuum dem Staat, weil eines Tages, als es geboren wurde und nicht sprechen konnte, diese Entität ihm gesagt hat: „Du gehörst mir"? Die Existenz dieser Deklaration verschafft dem von ihr Deklarierten keine Realität. Es ist nicht deshalb wahr, weil es gesagt worden ist. In mancherlei Hinsicht kann man behaupten, dass diese Erklärung ein Betrug ist. Und die Rolle der politischen Theorie besteht nicht darin, den Betrug zu bestätigen, sondern ihn anzuklagen und davon ausgehend eine gegensätzliche Sprechweise zu konstruieren.

Die Kategorie des Ungehorsams fördert ein unangemessenes Verständnis der politischen Bindung. Man könnte so weit gehen zu sagen, dass sie eine Einschreibung abweichender Handlungen innerhalb der Rechtsordnung konstruiert, die diese Handlungen auflösen und deren Anerkennung sie gerade durch ihre Existenz widerlegen. Der Begriff des Ungehorsams beansprucht, die Protesthandlungen und die protestierenden Subjekte zu benennen und vielleicht sogar, ihnen Ehre zu erbieten. Doch tatsächlich unterstellt er in dem Moment, in dem er die Opposition bestimmter Handlungen zum Gesetz bezeichnet, diese Handlungen der Rechtsordnung und konstruiert die nicht unterworfenen Subjekte als Subjekte, die durch ihre Zugehörigkeit zu einer Rechtsordnung definiert werden, der sie sich normalerweise unterwerfen müssten. Deshalb ist es so schwierig, sobald man diese Kategorie verwendet, nicht das Problem der Akzeptanz der Sanktion oder einer bestimmten Form des institutionellen Legitimismus aufzuwerfen, der immer von einem Aufruf zur Ruhe und zur Mäßigung begleitet wird (der namentlich die Form des Aufrufs zur Gewaltlosigkeit annimmt): Dieser Legitimismus gehört untrennbar zum Begriff des Ungehorsams, der das Bekenntnis zur Rechtsordnung und zur Anerkennung seiner Ansprüche voraussetzt.

Für mich ist das Verhältnis, das ich zu dem unterhalte, was „das französische Gesetz" geworden ist, dasselbe Verhältnis wie das zu meinem Nachbarn. Wir stehen uns zufällig gegenüber. Und wenn wir uns nicht einig sind, dann gerate ich in Konflikt mit ihm und verweigere seinem Anspruch, über mich zu bestimmen oder auch nur mich etwas anzugehen, die Anerkennung. Warum sollte es sich anders verhalten?

3. Eine Theorie der kolonialen Macht

Kolonie und Gesetz

Die Schriften der Black Panther Party, die im großen Buch von Joshua Bloom und Waldo E. Martin *Black against Empire* analysiert worden sind, sowie die Texte eines der Anführer der Black Panthers, Huey Newton, die im Band *To Die for the People* versammelt sind, bieten eine Theorie der Lage, in der wir uns als politische Subjekte befinden.[105]

Die Texte der Black Panther Party reflektieren die Situation der Schwarzen in den Vereinigten Staaten. Ihr entscheidender Beitrag liegt darin, sich der von der Bürgerrechtsbewegung vollzogenen Konstruktion entgegenzusetzen, die auf der Vorstellung beruhte, die Schwarzen bildeten eine „Minderheit" oder eine „beherrschte Gruppe" in den Vereinigten Staaten. Für die Black Panther bilden sie hingegen eine Kolonie. Wie Joshua Bloom und Waldo E. Martin schreiben: „Anstatt einen gerechten Anteil am amerikanischen Kuchen zu verlangen, portraitierten die Panther die schwarze Gemeinschaft als eine Kolonie innerhalb Amerikas und die Polizei als eine Besatzungsarmee, von der sich die Schwarzen befreien sollten."[106]

Die schwarze Gemeinschaft als Kolonie zu begreifen, bedeutet, eine Fremdheit der Schwarzen gegenüber der rechtlich-politischen Ordnung der USA zu behaupten. Schwarz zu sein, heißt, einem Staat unterworfen zu sein, der nicht der eigene ist. Es gibt keine Zugehörigkeit der Schwarzen zur amerikanischen Rechtsordnung; das vom Kongress erlassene Gesetz ist nicht ihr Gesetz. Es ist ein Gesetz, das ihnen äußerlich ist und das die Polizei und die Besatzungskräfte versuchen, ihnen aufzuerlegen. Die Schwarzen befinden sich gegenüber den Vereinigten Staaten in derselben Lage wie die Algerier vor der Unabhängigkeit gegenüber Frankreich. Der politische Kampf darf also nicht die Form eines Kampfes der Eingliederung in eine gegebene Rechtsordnung annehmen, sondern muss die Form eines Kampfes annehmen, der darauf abzielt, sich von ihr zu befreien. Die Schwarzen sind in Bezug auf das amerikanische Gesetz nicht mit einer Problematik des Gehorsams konfrontiert. Huey Newton schreibt: „Ausgangspunkt ist das Prinzip, dass der Unterdrücker über kein Recht verfügt, das der Unterdrückte respektieren muss.“[107]

Wenn ich mich nicht irre, berufen sich die Mitglieder der Black Panther Party nicht oder nur sehr wenig auf Afrika und auf die Idee eines afrikanischen Ursprungs der Schwarzen, um ihre Äußerlichkeit gegenüber der amerikanischen Rechtsordnung zu behaupten. Sie leugnen nicht ihre Zugehörigkeit zu den Vereinigten Staaten, indem sie sich auf einen anderen Ursprung oder auf eine vergangene Zugehörigkeit zu einem anderen Gebiet berufen, so wie es andere Gruppen getan haben. Ihre Äußerlichkeit gegenüber dem amerikanischen System gründet nicht auf einer geschichtlich-geographischen Überlegung. Sie gründet auf einer Diagnose der Funktionsweisen der Macht und fußt namentlich auf einer Analyse des Gesetzes, seiner Wirkungen und Funktionen.

Diese Analyse beginnt Form anzunehmen, als im Sommer 1967 in Kalifornien eine Gesetzesänderung verabschiedet wird. Zu Beginn des Jahres 1967, als die Panther sich bilden, bestimmen sie sich als Selbstverteidigungsgruppe: Anders als die Bezeichnung, die man so oft für sie verwendet, nahelegt, sind sie nicht gewalttätig, sie sind tatsächlich niemals gewalttätig gewesen. Anfangs sind sie Legalisten. Sie möchten, dass das Gesetz und die Verfassung zur Geltung kommen. Sie verstehen sich als Selbstverteidigungsgruppe, die die Schwarzen vor illegalen und gewaltsamen Aktionen der Polizei schützen soll (Leibesvisitationen, Misshandlungen, willkürliche Festnahmen, Inhaftierungen usw.[108]). Sie organisieren also bewaffnete Patrouillen, die der Polizei nachgehen und sie überwachen, um eventuell einzuschreiten, wenn die Polizisten illegale oder verfassungswidrige Aktionen durchführen.[109] Die

Panther würden nur dann zu den Waffen greifen, wenn die Polizei eine illegale Tat beginge – sodass in diesem Moment in dieser Szene alles umgekehrt wäre: Die Polizisten wären die Verbrecher, während die Black Panther Party, die im Namen des Gesetzes und der Verfassung handeln würde, legitimer Weise Zwangsmaßnahmen ergreifen würde.

Diese Praxis der *self-defense* wurde mehrere Monate hindurch verkündet und inszeniert. Doch natürlich stieß diese Organisation von bewaffneten Patrouillen, die es sich zur Aufgabe machte, die „Polizei zu überwachen“ (*policing the police*) und die Kontrolleure zu kontrollieren, innerhalb der Ordnungskräfte auf so großen Widerstand (was das zumindest zwiespältige Verhältnis zwischen Polizei und Gesetz aufzeigt), dass das Parlament von Kalifornien im Sommer 1967 den Mulford Act beschloss, der diese Patrouillen im öffentlichen Raum und die Zurschaustellung von Waffen verbot. Anders gesagt beendete das Parlament die Möglichkeit der Black Panthers, die Polizei zu beobachten und sicherzustellen, dass Polizeiinterventionen bei Schwarzen gesetzeskonform abliefen.

Die Verabschiedung des Mulford Act rief eine Wende im Verhältnis der Black Panther Party zum Gesetz hervor.[110] Die politische Schlüsselszene offenbart ihnen die Wirklichkeit ihrer politischen Lage. Die Panther stellen sich von da an nicht mehr als eine legalistische Gruppe dar, die das Gesetz anwenden will, um Polizei der Polizei zu spielen. Das kalifornische Parlament änderte das Gesetz, um ihnen die Möglichkeit zu nehmen, ihre Rechte geltend zu machen und sich zu verteidigen. Wie lässt sich noch daran glauben, dass diese Institutionen sie vertreten? Sie schützen die Schwarzen nicht. Sie dienen nicht ihren Rechten. Sie gefährden sie vielmehr. Die Mehrheit der Abgeordneten nutzt die Macht, die sie hat, das heißt die Macht, Gesetze zu erlassen, um an der Unterdrückung der Schwarzen festzuhalten. Das Gesetz, das erlassen wird, ist also nicht „ihr“ Gesetz, nicht das Gesetz der Schwarzen, sondern der Gesetz gewordene Herrschaftswille der Weißen.

Wenn das amerikanische Gesetz nicht ihr Gesetz ist, sondern das Gesetz der anderen, das sich ihnen aufzwingt, dann bilden die Schwarzen eine Kolonie in den Vereinigten Staaten: Ein Schwarzer in den Vereinigten Staaten zu sein, ein Algerier während des

Algerienkriegs, ein Vietnamese während des Vietnamkriegs – da besteht kein Wesensunterschied: „Huey Newton setzt die Polizei mit einer imperialistischen Unterdrückungsmacht, einer Besetzungsmacht gleich, die in der schwarzen Gemeinschaft keine legitime Rolle spielt.“[111] Die Aufstände in den schwarzen Vierteln sind folglich protopolitische Formen des Befreiungskampfes.

Die Figur des Schwarzen als Kolonisierter geht mit der Figur des Schwarzen als Zuschauer Hand in Hand. Huey Newton schreibt: „Wir sind ‚Verdammte der Erde‘ geworden, auf die Rolle von Zuschauern reduziert“[112]. Anders gesagt, er verbindet die Ausarbeitung einer Theorie der kolonialistischen Macht mit der Figur des politischen Subjekts als Zuschauer, der in etwas verstrickt ist, was ihm von außen zustößt – ich werde auf diesen Punkt zurückkommen.[113]

Sich als eine Kolonie zu bestimmen, bedeutet, den Geltungsbereich des Gesetzes zu verlassen und seine Anmaßung, für mich zu gelten, abzulehnen. Man muss die Geste der Black Panther Party und Huey Newtons richtig verstehen: Es wäre ungenau zu sagen, dass, weil die Schwarzen eine Kolonie bilden, sie den amerikanischen Rechtsrahmen *verlassen* sollten. In Wirklichkeit geht die Äußerlichkeit in Bezug auf die Vereinigten Staaten der Bezeichnung dieser Gruppe als Kolonie voraus. Die Black Panther Party kann die schwarze Gemeinschaft erst als Kolonie bestimmen, sobald sie die Schwarzen außerhalb der amerikanischen Rechtsordnung gestellt hat. Anders gesagt: Weil die Schwarzen außerhalb der Vereinigten Staaten stehen, ist das amerikanische Gesetz nicht ihr Gesetz und bilden sie eine Kolonie. Die Schwarzen befinden sich bereits außerhalb der Rechtsordnung, doch diese Äußerlichkeit ist noch nicht als solche anerkannt.

Fremdes Gesetz

Die Analysen der Black Panther stellen nicht eine Theorie unter anderen dar, die nur für eine spezifische soziale oder rassische Gruppe gelten würde. Sie bilden einen Ausdruck des politischen Bewusstseins. Man muss von dem ausgehen, was die Analysen besagen, um unsere Sprache neu zu bestimmen, um zu verstehen, wer wir sind, und davon ausgehend alle Konsequenzen daraus zu ziehen.

Wenn ich ausgehend von Huey Newtons Texten zu verstehen versuche, was ich bin, dann ist es möglich, folgende Frage zu stellen: Inwiefern stehe auch ich außerhalb des französischen Rechtsrahmens? Inwiefern ist das französische Gesetz *mein* Gesetz? Woher stammt der Anspruch dieses Gesetzes, Gehorsam von mir zu verlangen, woher stammt sein Anspruch mir gegenüber? Als ich geboren wurde, hat mir der Staat eine Nationalität, eine Identität und eine Rechtspersönlichkeit aufgezwungen. Regierende, die sich eines Apparats namens Staat bemächtigt haben, erlegen mir ihren Willen auf und strukturieren die Welt, in der ich lebe. Die Tatsache, dass wir in derselben Welt leben, ist die Folge einer mit Zwang durchgeführten Auferlegung fremder Willen. Inwiefern ist nun das französische Gesetz, das heißt das, was ich als Gesetz verspüre, wenn ich mit ihm in Konflikt trete, „mein" Gesetz? Zwischen ihm und mir besteht nur ein äußerliches Verhältnis. Das französische Gesetz ist mir ebenso fremd wie jedes andere Gesetz, ebenso fremd wie jeder Befehl, der von außen an mich gerichtet wird. Man könnte sagen, dass das französische Gesetz mich betrifft, wenn ich mich auf französischem Staatsgebiet befinde, und das russische Gesetz, wenn ich mich auf russischem Staatsgebiet befinde. Doch ich könnte ebenso gut behaupten, dass ich selbst ein Gebiet bin, das die Legitimität der Annexion nicht anerkennt, die andere durch den Staat namens Französische Republik vollziehen. Ich bin ein besetztes Gebiet. Das französische Gesetz ist mir ebenso fremd wie das schweizerische oder chinesische Gesetz.

Das moderne politische und rechtliche Denken behauptet ständig, auf einem Bruch mit jeder ethnischen oder kulturellen Auffassung zu gründen und eine abstrakte Auffassung der Rechtsperson und des politischen Körpers (des Individuums und des Volks) zu vertreten. Doch in Wirklichkeit stimmt das nicht – und die Formen, in denen wir spontan das politische Band zu denken versuchen, bleiben von einer Art Ethnizismus oder Kulturalismus geprägt. Denn wenn wir im Nachdenken über die Politik von jedem Bezug auf Elemente dieser Art absehen, dann müssen wir annehmen, dass jedes Gesetz, das die Regierenden mir auferlegen, per definitionem ein fremdes Gesetz ist. Die politischen Beziehungen sind Beziehungen zwischen Kolonisatoren und Kolonisierten. Wenn Nicolas Sarkozy oder Emmanuel Macron darum kämpfen, ein Gesetz zu verabschieden, um das ich sie nicht gebeten habe, und ich gegen meinen Willen gezwungen werde, mich ihrem Willen zu beugen, dann werde ich von einem Willen besetzt, der mir fremd ist, und Nicolas Sarkozy und Emmanuel Macron sind für mich genauso Kolonisatoren, wie es eine deutsche, chinesische oder russische Regierung wäre. Die Tatsache, dass wir eventuell dieselbe Sprache sprechen oder dieselbe Hautfarbe haben, ändert nichts daran, dass mir ihr Wille und Wesen fremd sind. Das Gesetz ist das Gesetz des anderen, unabhängig vom Grad der Fremdheit zwischen ihm und mir. Wenn wir aus unseren Reflexionen über die Politik jedes ethnizistische, kulturalistische und sprachliche Element beseitigen, dann gibt es keinen Grund, ihr Gesetz nicht als ein koloniales Gesetz und die Polizei als eine Besatzungsmacht zu bezeichnen. Im Grunde könnte man fast sagen, dass wir Demokratie ein koloniales System nennen, in dem der geographische Raum, in dem die Macht regiert, kulturell oder ethnisch relativ homogen ist (sodass es kein Zufall ist, wenn die Mobilisierungen in den Armenvierteln, die vor allem von Schwarzen und Arabern angeführt werden, sich oft in einer Rhetorik der Kritik an der „kolonialen Verwaltung" dieser Viertel, an der ethnischen Distanz zwischen Regierten und Regierenden ausdrücken, womit sie ein helles Licht auf die Natur des politischen Bandes werfen).

Als 2017 nach der Wahl Donald Trumps zum Präsidenten der Vereinigten Staaten tausende Amerikaner mit Schildern auf die Straße gingen, auf denen Dinge zu lesen waren wie „Not My President", haben sie diese Art von Verständnis des politischen Bandes ausgedrückt. Jeder Amerikaner, der mit der Regierungsweise Trumps nicht einverstanden ist, befindet sich heute in einem besetzten Gebiet.

Die Tatsache, unter irgendeiner Rechtsordnung zu leben, stellt uns vor zwei Möglichkeiten: Entweder sind wir mit gewissen Gesetzen einverstanden, dann sind sie unsere und wir sind, für diejenigen, die sie nicht wollen, Kolonisatoren. Oder aber, und das ist tatsächlich gleichsam die Gesamtheit unserer Erfahrung, sie sind Besatzungsgesetze: Fremde Kräfte organisieren die Welt, in der ich mich befinde. Als politisches Subjekt bin ich kein „Bürger", der an einer Gemeinschaftsaktion teilhat, um eine Rechtsordnung auszuarbeiten. Ein politisches Subjekt zu sein, bedeutet, ein besetztes Subjekt zu sein – und die Polizei ist für diejenigen, auf die sie einwirkt, notwendigerweise eine Besatzungsmacht. Der Staat ist die Institution, die die Bevölkerung derjenigen umfasst, die in der Lage sind, mir ihren Willen aufzuzwingen.[114]

Palästina

Man könnte ein noch anderes Beispiel anführen: Ahed Tamimi ist eine junge palästinensische Aktivistin, die Aktionen gegen die israelische Besatzung durchführt. Eines Tages, am 15. Dezember 2017, kommt es in Nabi Saleh, der Stadt, in der sie lebt, infolge der Anerkennung Jerusalems als Hauptstadt des Staates Israel durch die Vereinigten Staaten, zu Unruhen, und das Gesicht ihres Bruders wird von einem von israelischen Soldaten abgeschossenen Gummigeschoß entstellt. Sie ist wütend. Sie reagiert darauf, indem sie einen israelischen Soldaten ohrfeigt. Diese Szene wurde gefilmt und fand schnell weite Verbreitung. Ein paar Tage später wird sie festgenommen und später von einem israelischen Militärgericht zu acht Monaten Haft verurteilt.

Eines der Elemente, die die internationale Öffentlichkeit stark an der Haltung Ahed Tamimis verblüfft haben, ist ihre Nicht-Unterwerfung unter die israelischen Institutionen. Am Tag ihres Urteils hat sie das Gericht als illegitim bezeichnet und denen, die sich als ihre Richter darstellten, erklärt: „In einem Besatzungssystem gibt es keine Gerechtigkeit."[115]

Die Wahrheit dieser Deklaration geht in Wirklichkeit über den Kontext ihrer Äußerung hinaus: Verurteilt zu werden, bedeutet per definitionem, Gesetzen gegenüberzustehen, die man nicht will, Leuten unterworfen zu sein, die man nicht anerkennt und die den Staat benutzen, um uns ihren Willen aufzuzwingen. Wenn ich mich so verhalte, dass es dem entgegengesetzt ist, was das Gesetz vorschreibt, dann bin ich sozusagen mit anderen Individuen konfrontiert, die sich das Recht nehmen, mir ihren Willen aufzuzwingen, mein kleines Gebiet gegen meinen Willen zu annektieren und dort ihr Gesetz herrschen zu lassen. Und daher ist es ein koloniales Verhältnis und ein Verhältnis der Besatzung. Wer „Justiz“ oder vielmehr „Strafvollzug“ sagt, sagt Besatzungssystem, und da es in einem Besatzungssystem keine Gerechtigkeit gibt, gibt es überhaupt keine Gerechtigkeit.

4. Der Konflikt der Souveränitäten

Wenn die Anmaßung des Gesetzes, für mich zu gelten, ohne Grundlage ist, dann können meine Handlungen nicht so bestimmt werden, als wäre ich dem Staat etwas schuldig. Warum könnte man nicht sagen, dass der Staat mir Ungehorsam leistet, wenn er anders handelt, als ich es will? Tatsächlich bestehen zwischen mir und dem Staat, zwischen meinem Willen und dem Gesetz (das der Gesetz gewordene Wille anderer ist) nur äußerliche Kräfteverhältnisse: Politische Verhältnisse sind Beziehungen ohne Innerlichkeit. Wenn ich entscheide, anders zu handeln, als es das Gesetz vorschreibt, dann vollziehe ich keinen Akt des Ungehorsams, sondern einen souveränen Akt, der in Konflikt mit anderen souveränen Willen gerät. Ich behaupte meinen Willen, und ich begegne eventuell anderen Willen, die Anspruch darauf erheben, meinen Körper und Geist anders zu leiten. Es handelt sich also um eine Situation der Konkurrenz, vielleicht des Bürgerkriegs, aber nicht des Ungehorsams. Es gibt keinen Ungehorsam, weil es keinen Sinn hat, den Ungehorsam zu einer ursprünglichen Haltung zu machen.[116]

Das Gesetz zählt nicht

Der Begriff des Ungehorsams gibt vor, auf starke Aktionen des Widerstands anwendbar zu sein, doch in Wirklichkeit verhindert er die Entfaltung einer radikalen Sprache. Zu sagen „Ich leiste dem Staat Ungehorsam“, bedeutet, ihn nicht zu gefährden, denn es bedeutet zu sagen: „Ich gehöre ihm“. Es ist hingegen eine ganz andere Geschichte, ihm zu sagen: „Ich gehöre dir nicht, wir stehen im Konflikt miteinander". Denn das führt zu ganz anderen Konsequenzen.

Auf jeden Fall verstehen wir von einem strategischen Gesichtspunkt aus, dass wir niemals dem verpflichtet sind, was sich Gesetz nennt. Nur deshalb, weil wir in einem Land die Minderheit sind oder weil diejenigen, mit denen ich meine Ansichten teile, es nicht geschafft haben, den Staatsapparat zu erobern, ist das kein Grund dafür, dass wir den konkurrierenden Gruppen, die das erreicht haben, etwas schulden. Das bedeutet offensichtlich nicht, dass wir notwendigerweise etwas anderes wollen müssen als das, was das Gesetz will, sondern das beutet, dass die Tatsache, dass wir uns dem Gesetz gemäß verhalten müssen, auf ethischen, moralischen, wirtschaftlichen usw. Überlegungen gründen muss und keinesfalls auf dem legalen Charakter der Handlung als solchem, der niemals ein zureichendes Gültigkeitskriterium liefert.

In Texten über die Demokratie findet man jedoch oft Versuche, die Legitimität damit zu rechtfertigen, dass die zahlreichere Gruppe entscheidet – das ist die „Mehrheitsregel". Doch beinhaltet diese Regel nicht etwas Anstößiges? Warum sollte ich es hinnehmen, mich einem Gesetz zu unterwerfen, bloß weil auf dem Gebiet, auf dem ich geboren worden bin, diejenigen, die eine Meinung vertreten, die der meinigen entgegengesetzt ist, zahlreicher sind? Inwiefern erlegt mir die Tatsache, in der Minderheit zu sein, die Pflicht auf, ein Verhältnis der Unterlegenheit und der Unterwerfung zu akzeptieren – und welche Rationalität kann eine solche Überlegung aufweisen?

Die Vorstellung, dass wir normalerweise dem Gesetz gegenüber zu Gehorsam verpflichtet sind, strukturiert unsere spontanen Beziehungen zur Politik. In seinen Texten über den Gehorsam schreibt Rawls, dass es eine „natürliche Pflicht" der sozialen Agenten gibt, gerechten Institutionen zu gehorchen, sodass das Subjekt, das nicht gehorcht, fähig sein muss, vernünftig sein Tun zu rechtfertigen.[117] Man kennt diese Vorstellung auch aus der Feder von Nelson Mandela, wenn er behauptet, dass jedes politische Subjekt eines Tages in einen ethischen Konflikt zwischen zwei Pflichten geraten kann: dem Gesetz oder dem Gewissen zu gehorchen. Mandela stellt den „Respekt vor dem Gesetz" als eine

Tugend dar. Zwischen uns und dem Gesetz gebe es eine Art Verpflichtung. Und Bürger zu sein, bedeute manchmal, hin- und hergerissen zu sein zwischen dieser Verpflichtung und jener „anderen Tugend", die der Gehorsam gegenüber der Gerechtigkeit und „den seinen" wäre.[118] Selbst wenn wir es nicht notwendigerweise auf so traditionelle Weise wie Mandela formulieren, prägt diese Art des ethischen Legalismus unsere Köpfe, auch in den radikalsten Sphären. Das zeigt sich schon dadurch, dass man den Begriff des Ungehorsams gebraucht – so als ob der Gehorsam die ursprüngliche Haltung zu sein hätte. Doch man erkennt es auch daran, dass die Mehrzahl aktivistischer Gruppen, die sich entscheiden, anders zu handeln, als das Gesetz es will, oft das Bedürfnis verspüren, ihre Aktionen mit einem Diskurs zu begleiten, der die Gründe ihrer Taten erklärt. Michael Walzer bemerkt ganz richtig, dass die Vorstellung, dass wir den Gesetzen gehorchen müssen, letztlich nichts anderes besagt, als dass der Ungehorsam gerechtfertigt werden müsse.[119] Das bedeutet, umgekehrt gedacht, dass, die Aussagen, die zugunsten des „zivilen Ungehorsams" getätigt werden, sich in einen Rahmen einschreiben, der voraussetzt, dass wir normalerweise „gehorchen" müssen.

Kann man die „Achtung vor dem Gesetz" als Tugend darstellen? Inwieweit und weshalb wäre das politische Subjekt „dem Gesetz" etwas schuldig? Inwiefern verpflichtet mich der Wille anderer? Wenn wir verstehen, dass unsere Zugehörigkeit zum Staat das Ergebnis des Zufalls der Geburt und einer mit Zwang vollzogenen Auferlegung fremder Willen ist, dass also das Gesetz ein Wille ist, der von außen an uns herantritt, dann gibt es keinen Grund dafür, dass wir uns gegenüber dem Gesetz in eine Lage versetzen, in der wir uns rechtfertigen müssen, in der wir ihm verpflichtet sind und ihm Anerkennung schulden.

Die Konsequenz einer solchen Wahrnehmungsweise ist, dass wir die Unterscheidung zwischen politischem Verbrechen und gewöhnlicher Kriminalität nicht hinnehmen können und wir Grund haben zu behaupten, dass im Prinzip jeder Gefangene ein politischer Gefangener ist.

Wenn ich gegen das Gesetz verstoße, dann ist das so, als ob ich eine Unabhängigkeitserklärung aussprechen würde. Und wenn ich auf Widerstand stoße, dann bedeutet das, dass eine Besatzungsmacht mich daran hindern will, meinen Willen durchzusetzen. Es gibt keinen kriminellen Akt, der nicht die Frage der erzwungenen Einschließung und Annexion aufwirft, und daher ist er im Grunde genommen der Ort, an dem die politische Frage sich als solche stellt.

Konfrontation

Im Grunde wäre es nicht falsch zu sagen, dass ich hier wieder auf Rousseaus Theorie des Verbrechens und des Verbrechers stoße. Rousseau behauptete nämlich, dass der Verbrecher sich vom Staatswesen ausschließt, wenn er ein Verbrechen begeht: Jeder Missetäter wird zu einem „Verräter" am Vaterland; er hört auf, ein Angehöriger des Vaterlands zu sein, wenn er dessen Gesetze verletzt, und erklärt ihm dadurch den Krieg. Hierbei geht es um die Vorstellung, dass der Akt des Widerstands gegen das Gesetz das Subjekt außerhalb des Staatswesens und der Institutionen, die das Gesetz unterstützen, situiert, und dass das Verhältnis zum Gesetz zu einem Kräfteverhältnis wird: „Im übrigen wird jeder Missetäter, der das gesellschaftliche Recht angreift, durch seinen Frevel zum Rebellen und zum Verräter am Vaterland"[120]. Dennoch besteht ein Unterschied zwischen der Position, die ich vertrete, und der Rousseaus: Bei Rousseau gehen wir, wenn wir anders handeln, als es der Staat fordert, vom *in* zum *out* über, während es bei mir kein Innen gibt, wir sind nur mit Anmaßungen des Staats konfrontiert, uns einzuschließen, und dem Versuch, uns glauben zu machen, wir seien *in*.

Was wir „Politik" nennen, bildet eine Bühne, auf der widerstreitende Souveränitäten, Besetzungs- oder Befreiungstriebe aufeinandertreffen. Wir sind alle kleine Souveräne, die mit anderen Souveränitäten konfrontiert sind, besetzte Gebiete oder imperialistische Kräfte, die über ungleiche Waffen und Kapitalien verfügen, Subjekte, die den Staat benutzen, um die anderen zu überfallen, oder die versuchen, sich zu befreien.

Wenn die von uns verwendeten Wörter uns daran hindern, adäquat das zu erleben, was wir sind, dann großteils deshalb, weil unsere Sprache von der Tendenz geprägt ist, das Subjekt in die Politik einzubeziehen, die politische Beziehung als eine inklusive, umfassende, implizierende Beziehung zu kodieren. Wir sagen „unser Gesetz", „unser Präsident", die „Justiz meines Landes" usw.

Die Verbindung des Gesetzes mit einer Metaphysik der Zugehörigkeit und der Einbindung trägt dazu bei, etwas, das das Subjekt niemals gewollt hat, in etwas umzuwandeln, dessen Miturheber es wäre: Dieses Vokabular lässt eine äußere Beziehung zu einem Verhältnis werden, das über eine Innerlichkeit verfügt. Der Vertragsgedanke ist die äußerste Form dieser Verwandlung. Die gegenwärtige Reflexion über die „deliberative Demokratie", die die Politik als eine Diskussion darstellt, an der jedes Subjekt teilnehmen würde, ist Teil desselben Dispositivs, weil es jeden von uns als Miturheber der Rechtsordnung beschreibt.

Die politische Theorie beruht allzu systematisch auf der Vorstellung, dass die in einem Gebiet versammelten Individuen, die dieselbe Nationalität haben, so etwas wie einen „politischen Körper" bilden. Diese Vorstellung verschafft sich in der Tatsache Ausdruck, dass die Welt als ein zweigeteilter Raum dargestellt wird: auf der einen Seite die Bürger und auf der anderen Seite die Fremden, einerseits die Staatsbürger, andererseits die Nicht-Staatsbürger, einerseits die Einheimischen, anderseits diejenigen, die nicht aus dem Land stammen, ob sie nun hier oder anderswo sind. Agamben erachtet die Einteilung zwischen dem Ausländer und dem Bürger als grundlegend für die moderne Politik. Die Gestalt des „Flüchtlings" stelle die Kategorien des Nationalstaats in Frage, indem sie diese Abgrenzung durcheinander bringe.[121] Diese Trennung wird zwar vom Staat verkündet, doch das bedeutet weder, dass wir die Welt so denken müssen, wie der Staat es wünscht, noch dass die staatlich proklamierten Identitäten real sind. Denn wenn man die offiziellen Akte als Fiktionen beschreibt und nicht als Performative, sollte man dann nicht auch diese Abgrenzung in Frage stellen können? Ich möchte damit nicht sagen, dass es keinen objektiven Unterschied zwischen Individuen gibt, die die Nationalität eines Staatsgebiets haben, und denen, die sie nicht haben. Doch ist dieser Unterschied vielleicht manchmal weniger objektiv, als man glaubt. Wenn man zum Beispiel einen Bewohner eines Arbeiterviertels hernimmt: Er wählt niemals und ist Opfer von Verfolgungsmechanismen – inwiefern ist er „in" etwas und inwieweit sind seine Situation und seine Identität ontologisch von denen anderer Individuen unterschieden, die „Nicht-Staatsbürger" sind, aber über andere Kapitalien verfügen? Aber vor allem könnte man Folgendes fragen: Inwiefern bilden die Individuen, die dieselbe Nationalität haben, zusammen eine Gemeinschaft? Man sollte die Nationalität oder die nationale Zugehörigkeit vielleicht eher mit einer Eigenschaft vergleichen, die Individuen haben oder nicht, derer sie sich bedienen oder nicht, mit anderen Individuen, die dieselbe Nationalität haben oder nicht, einer Eigenschaft, die positive Aspekte – das Wahlrecht, manchmal – und negative aufweist – die Unmöglichkeit zu fliehen und die Gefangennahme.

Der Gegensatz zwischen Staatsbürger und Ausländer überträgt etwas auf eine ontologische Ebene, was nur ein Gegensatz in Bezug auf bestimmte Rechte und Fähigkeiten ist, von denen Individuen Gebrauch machen können. Die Begriffe „politischer Körper" oder „demokratisches Staatswesen" erzeugen die Illusion einer gemeinsamen Teilhabe an einem Feld, auf dem gerade die Ausübung einer Herrschaftsform und die Auferlegung einer Willensordnung auf dem Spiel stehen, die niemals gewollt und anerkannt worden sind.

5. Besetzte Gebiete

Eine reduktionistische Theorie, die von der Problematik der Konfrontation ausgeht, führt zur Formulierung einer Reihe von Begriffen und Prinzipien: 1) die Äußerlichkeit des Subjekts gegenüber der Rechtsordnung, 2) die koloniale Natur jeder Macht, 3) die Nichtzugehörigkeit des Subjekts zur Ordnung, die es bei seiner Geburt gefangen genommen hat, 4) die Nicht-Stichhaltigkeit jedes umfassenden und einschließenden Begriffs, 5) die Leere der Legalität als solcher (das Gesetz zählt nicht), 6) eine Konzeption des Subjekts als Wesen, das ursprünglich gefangengenommen und besetzt worden ist, 7) die dezisionistische und partikulare Dimension jeden Gesetzes (der Staat als Wille).

Diese Analyse mündet ebenso in eine Reihe von Implikationen für die Fragen der Demokratie, der Gewalt, des Rechts und der Gerechtigkeit. Doch bevor ich dazu komme, möchte ich Folgendes unterstreichen: So wie Marx sagte, dass man nicht die Dinge der Logik mit der Logik der Dinge verwechseln dürfe, so gilt, dass sich nicht unsere gesamte Situation auf die Szene der Konfrontation reduziert, nur weil sie das zentrale Element für die Konstruktion einer politischen Analyse bildet.

Den Menschen, der sich in einer Situation der Konfrontation mit dem Gesetz befindet – der Kriminelle, der Gefangene, derjenige, der zivilen „Ungehorsam“ leistet, das festgenommene Individuum –, zum Referenzpunkt zu machen, wie ich es bis hierher gemacht habe, und sich die Zeit für eine Diskussion der Kategorie des Ungehorsams zu nehmen, ist die Bedingung für die Formulierung einer *Theorie* des Gesetzes, des Staats und des Verhältnisses des Subjekts zu diesen Entitäten. Das bedeutet jedoch nicht, dass unser Leben sich einzig im Modus der direkten und ausdrücklichen Konfrontation abspielt. Wenn wir uns selbst restlos verstehen wollen, dann müssen wir aufpassen, nicht ein Vorurteil zu reproduzieren, das unsere Denkweisen stark prägt und das darin besteht, die Politik auf ihre aktive und willensmäßige Dimension zu reduzieren. Man muss im Gegenteil auch auf die passive Dimension unseres Daseins bestehen: auf das politische Subjekt als „Zuschauer", wie Huey Newton sagt.

Ein vertragstheoretisches Unbewusstes

Selbst wenn es selbstverständlich ist, dass die Mehrzahl der politischen Theorien nicht der „vertragstheoretischen" Strömung angehören, so wie sie im 17. Jahrhundert entstanden ist, hat die Vertragstheorie dennoch tiefe Spuren in unseren Denkweisen hinterlassen. Es gibt ein vertragstheoretisches Unbewusstes, einen Einfluss dieser Form des Nachdenkens, der selbst auf die methodisch am weitesten davon entfernten Strömungen wirkt.

Die Vertragstheorie ist vor allem jene Doktrin, die das Verhältnis des Subjekts zum Staat auf einen Akt der Zustimmung gründet. In gewisser Weise bringt Locke ihr Axiom auf den Punkt, wenn er behauptet, dass die „Zustimmung [...] irgend jemanden zu einem Glied irgendeines Staates macht"[122].

Die Vertragstheorie bestimmt den Wahrnehmungsrahmen, in dem das Subjekt als politisches Subjekt durch einen Willensakt entsteht, durch den es sich als Mitglied des Staatswesens konstituiert – sodass das Staatswesen, dem es angehört, und das Gesetz, dem es unterworfen ist, als Verlängerungen seiner selbst und seines Willens angesehen werden. Die Thematisierung dieser grundlegenden Zustimmung kann unterschiedliche Formen annehmen, doch die Vertragstheorie setzt systematisch einen willentlichen Beitrittsakt als Grundlage der Beziehung zwischen Subjekt und politischer Autorität.

Sicherlich verteidigt heutzutage kein Autor mehr eine derart offenkundig falsche und lügenhafte Anordnung und verbindet auf derart direkte Weise Zugehörigkeit und Zustimmung. Selbst

Rawls, der den Vertragsgedanken im Gegenwartsdenken wiederaufgegriffen hat, erkennt an, dass die Vorstellung, dass Zustimmung darin liegt, einen Aufenthaltsort zu akzeptieren, unhaltbar ist (so als könne gewissermaßen die Tatsache, dass man ein Land nicht verlässt, als Zustimmung zum Souverän, der dort regiert, gelten): Die formale Möglichkeit auszuwandern bedeutet keine Zustimmung von Seiten derer, die sich in einem Land aufhalten: „Die Autorität des Staats kann demnach insofern nicht aus freien Stücken akzeptiert werden, als die gesellschaftlichen und kulturellen, historischen und von der sozialen Herkunft geprägten Bande unser Leben so früh zu formen beginnen und normalerweise so stark sind, daß das Recht auf Auswanderung (in passend eingeschränkter Form) nicht ausreicht, um die Akzeptierung der staatlichen Autorität politisch gesprochen [...] zu einer freien Entscheidung zu machen."[123] Anders gesagt, das politische Band ist niemals gewählt.

Doch selbst wenn kein Autor mehr die Idee einer grundlegenden Zustimmung des Subjekts zur politischen Ordnung vertritt, besteht die Spur, die die Vertragstheorie in den Köpfen hinterlassen hat, darin, die Figur des Subjekts als aktives Subjekt ins Zentrum unserer Sichtweise der Politik zu stellen, das heißt in einer Verzerrung unserer Wahrnehmung der Politik. In den Theorien vom Gesellschaftsvertrag ist das politische Subjekt das Subjekt, das einen Vertrag schließt (und in gewisser Weise entsteht das Subjekt als politisches Subjekt an dem Tag, an dem es den Vertrag schließt, weil derjenige, der sich außerhalb des Vertrags befindet, sich außerhalb des Kreises der Politik befindet – er ist ein Feind, ein Barbar –, und folglich befindet er sich außerhalb des Analysefelds der politischen Theorie). Unser Denken ist Teil dieses Erbes. Das Subjekt, auf das sich die Theorie bezieht, eigentlich das einzige Subjekt, das sie beschreibt, ist immer ein aktives und tätiges Subjekt: das Subjekt, das debattiert, diskutiert, abstimmt, demonstriert, kämpft, eine Macht absetzt, eine unter dem Schleier der Unwissenheit verdeckte Verfassung schreibt, sabotiert, an Versammlungen teilnimmt, Revolutionen macht, Ungehorsam leistet, sich von der Gesellschaft absondert, das sagt „Wir sind die 99 %" usw. Das Subjekt betritt die politische Theorie, wenn es in Aktion tritt; es wird geboren, wenn es zur Politik geboren wird: So als ob es keine Kinder, keine Jugendlichen, keine Kranken, keine Einwanderer, die zum ersten Mal ein neues Land betreten, keine Greise gäbe.

In der *Metaphysik der Sitten* spricht Kant deutlich aus, dass der Begriff des „passiven Bürgers“ „mit der Erklärung des Begriffs von einem Staatsbürger überhaupt im Widerspruch zu stehen scheint“[124]. Hannah Arendt drückt dieselbe Auffassung aus, wenn sie in *Vita activa* den Begriff der Politik mit dem des Handelns und des Sprechens verbindet. Sie reduziert die Politik sogar auf diese Dimension: „So steht das Handeln nicht nur im engsten Verhältnis zu dem öffentlichen Teil der Welt, den wir bewohnen, sondern ist diejenige Tätigkeit, die einen öffentlichen Raum in der Welt überhaupt erst hervorbringt. [...] So ist die Polis genaugenommen nicht die Stadt im Sinne ihrer geographischen Lokalisierbarkeit, sie ist vielmehr die Organisationsstruktur ihrer Bevölkerung, wie sie sich aus dem Miteinanderhandeln und -sprechen ergibt“[125]. Selbst wenn Monique Wittig ihre Kritik der Vertragstheorie ausgehend von der Figur der Lesbe ausarbeitet, tut sie das gerade, weil sie vor dem aufgedrängten heterosexuellen Vertrag *flieht*.[126]

Wenn wir nun aber über unsere reale Erfahrung nachdenken, wenn wir uns uns selbst zuwenden und analysieren, was wir sind und was unser politisches Leben ist, muss man dann nicht anerkennen, dass es sich nicht hauptsächlich, sondern gleichsam ausschließlich gemäß einer passiven Logik entfaltet?

Sandra Laugier hebt hervor, dass eine der Fragen, die John Rawls niemals stellt, wenn er über den Ungehorsam nachdenkt, die Frage nach der Lage derjenigen ist, die man in der politischen Sphäre nie befragt und die nie etwas zu sagen haben. Rawls Problematisierung – und allgemeiner die Problematisierung des zivilen Ungehorsams durch zahlreiche Autoren – stützt sich auf eine Erzählung, in der das Subjekt der Rechtsordnung die Zustimmung erteilt hatte, bevor es ihr die Zustimmung wieder entzog. Doch welchen Platz weist diese Überlegung denen zu, die niemals zu irgendetwas zugestimmt haben und nie etwas gesagt haben? „Das ist letztlich das Paradox des Ungehorsams: Nur diejenigen können ihre Forderungen vorbringen, die man um ihre Zustimmung gebeten hat (diejenigen also, die sie mit gutem Recht zurückziehen könnten) – die, die am Gerechtigkeitsdiskurs teilnehmen. Aber man hat mich nie gefragt."[127]

Diese Bemerkung hat allgemeine Gültigkeit. Mich haben immer wieder die Fernsehbilder aus Ländern erstaunt, in denen sich revolutionäre Episoden abspielen. Man spricht von Unruhen, Aufständen, Regierungskrisen. Man verwendet umfassende Kategorien wie „Volk" oder „Mobilisierung". Doch abgesehen von ein paar Orten, wo es hektische Bewegungen und Spannungen geben mag, bleibt der Rest meist ruhig, alles verläuft gemächlich, das Leben geht weiter: auf dem Markt, in der Schule, in der Arbeit usw. Und folglich unterhalten die meisten ein Verhältnis zum Gesetz, das sich völlig von dem Verhältnis unterscheidet, das diejenigen erleben, die dabei sind, den Staatsapparat zu erobern, oder davorstehen, aus dem Staat vertrieben zu werden. Worin besteht ihr politisches Leben? Welche Erfahrungen machen sie?

Die Beschreibung der politischen Existenz darf nicht das Bild der Politik verzerren, indem es jene vergisst, die nie da sind, die nichts sagen und nichts tun, die nicht wählen, die nicht demonstrieren, die einfach da sind. Besteht die Wirklichkeit unseres politischen Lebens nicht weitgehend in den Momenten, in denen wir vor dem Fernseher sitzen, der uns die Wahlergebnisse präsentiert, und wir uns sagen: „So, das ist also die Regierung, unter der zu leben ich nunmehr verurteilt bin"? Und es ist nicht unmöglich, die Gefühle, die man in dieser Situation verspürt, mit denjenigen zu vergleichen, die man wahrscheinlich hat, wenn man mit ansehen muss, wie Panzer in den Straßen seines Heimatorts auffahren. Die Formen des politischen Handelns, an dem wir manchmal teilhaben – Demonstration, Deliberation, Protest –, nehmen einen unendlich kleinen Teil unseres Daseins ein, und es hat keinen Sinn, sie zu Symbolen unseres Lebens zu erheben. Umso weniger, als wir alle sehr genau wissen, dass die Folgen solcher Handlungen oft nichts mit dem zu tun haben, was wir wollen – sofern sie nicht überhaupt zu nichts führen –, sodass diese Zeiten der Teilnahme eher Zeiten sind, in denen uns etwas entgleitet, als Zeiten, in denen wir die Welt gestalten.

Unsere Beziehung zur politischen Ordnung hat die Form eines äußerlichen und passiven und nicht eines aktiven und mitgestaltenden Verhältnisses. Im Übrigen gibt es ein Thema, das die politische Theorie nie anspricht, nämlich das der Geburt und des Erscheinens auf einem Staatsgebiet. Was heißt es, geboren zu werden? Was heißt es, auf einem Staatsgebiet zu erscheinen? Und wie ist ausgehend davon meine Beziehung zum Gesetz zu beschreiben? Diese Frage wird von der Theorie nicht thematisiert, weil das Subjekt in ihr als etwas aufgefasst wird, das in dem Moment als Subjekt geboren wird, in dem seine politische Aktivität beginnt.

Das Verhältnis zur politisch-rechtlichen Ordnung wird nicht durch einen Akt der Verfassung, der Anerkennung oder der Unterzeichnung gestiftet. Als politisches Subjekt geboren zu werden, bedeutet, in einem Staat geboren zu werden, der bereits da ist. Es heißt, sich in einer Rechtsordnung zu bewegen, die mir vorausgeht und die ich weder gewählt habe, noch jemals wählen werde. Es gibt niemals eine grundlegende oder prozesshafte Zustimmung, und die Formen der politischen Teilhabe sind so beschränkt, dass man aus ein paar Demonstrationen, ein paar Wahlgängen – selbst wenn man sie gewinnen sollte – keine Teilhabe an der Ausarbeitung der Rechtsordnung ableiten kann.

Ich habe mich nicht entschlossen, hier, in diesem Moment geboren zu werden. Ich habe weder meinen Geburtsort noch mein Geburtsdatum gewählt. Ich bin eines Tages auf dieses Staatsgebiet geworfen worden. Und als ich nicht sprechen konnte, die Sprache nicht verstand und vielleicht nicht einmal hörte, was man mir sagte, hat eine Entität beansprucht, sich meiner zu bemächtigen, hat mir Papiere geschickt und gesagt: Du hast diese Nationalität, du gehörst mir. Das ist das Gesetz, dem du gehorchen musst, und hier ist der Strafvollzug, der sich deiner bemächtigen wird, wenn du es nicht respektierst. Du magst das Gesetz oder ein anderes Gesetz wollen, du magst die Welt, die das Gesetz einrichtet, wollen oder eine andere Welt wollen, doch das ändert nichts.

Die Geburt des politischen Subjekts verkörpert vielleicht einen der seltenen Akte reiner Auferlegung, bei dem das Subjekt nichts zu sagen hat und nichts sagt. Die Gründungsszene des politischen Subjekts kann nicht einmal als eine Enteignung beschrieben werden, weil es keine vorgängige eigene Identität hat, die ihm gestohlen würde.

Der Staat ist das, wovor ich nicht fliehen kann

Die Tatsache, dass die Existenz des politischen Subjekts sich auf der Ebene der Auferlegung abspielt, erscheint noch offensichtlicher, wenn man das Wesen unserer Verbindung zum Staat analysiert. Der Staat ist nämlich vielleicht die einzige Gesellschaftsform, die dem entwischt, was Pierre Bourdieu die paradoxe Logik der Macht nennt, die darin besteht, dass ich in der sozialen Welt für gewöhnlich nur dann einer Macht unterworfen bin, wenn ich diese Unterwerfung akzeptiere.

Wenn ein Subjekt in einem Machtverhältnis steht, dann immer mit ein wenig objektiver Mitwirkung, sagt Bourdieu. Es gibt keine Macht, die über ein Individuum ausgeübt wird, wenn dieses nicht Teil ihres Ausübungsfeldes ist. Wenn ich mich im Feld der Literatur verorte, dann bin ich den Kräften ausgesetzt, die sich darin entfalten; doch es genügt, dass ich aufhöre zu schreiben, dass ich aufhöre, an es zu glauben, dass ich Tomaten anpflanzen gehe, kurz, dass ich das Feld der Literatur verlasse, damit diese Macht für mich nicht mehr existiert. Nur wenn ich mich in eine gegebene Welt investiere, wenn ich dem, was sich in ihr abspielt, Bedeutung zumesse, wenn ich ihre Spielregeln akzeptiere, nur dann kann ich die Kräfte zu spüren bekommen, die sich in ihr entfalten, und bin ich empfänglich für die Urteile, die in ihr ausgesprochen werden. Nur weil ich daran glaube, was innerhalb eines Feldes auf dem Spiel steht, und ihm anhänge (was Bourdieu *illusio* nennt), bin ich Teil des Kampfes, der sich auf ihm abspielt: Wenn es mir reicht, kann ich weggehen, und somit wird die spezifische Macht, die sich in diesem Feld entfaltet, nicht mehr für mich gelten – sie wird mir äußerlich bleiben und mich nicht mehr betreffen.

Es gibt jedoch eine Besonderheit des Staats. Der Staat ist die einzige Instanz der sozialen Welt, die eine Ausnahme von dieser Logik bildet. Der Staat zwingt mich unter seine Autorität: Ich habe niemals gewählt, ihm anzugehören. Bei meiner Geburt wurde ich mit Gewalt unter seine Autorität gestellt. Es hat niemals eine ursprüngliche Zustimmung gegeben. Und überdies entzieht mir der Staat die Möglichkeit, mich von ihm zu trennen. Ich kann den Staat nicht verlassen, so wie ich meine Familie, mein Viertel oder meine Arbeit verlassen kann. Ich kann nicht meinen eigenen Staat erschaffen und dem Staat sagen: Ich entfliehe deiner Rechtsprechung, ich lehne es ab, dass du kommst, um mich festzunehmen, wenn ich anders handle, als du es für erlaubt hältst.

Es kommt vor, dass bestimmte Individuen die Nationalität wechseln. Doch die Möglichkeit, seine Nationalität abzulehnen, wird nicht von allen Staaten zugestanden, und in jedem Fall sind die Regeln dieser Ablehnung vom Staat bestimmt, sodass in letzter Instanz immer er entscheidet: Ich kann nicht aufgrund eigener Entscheidung weggehen, sondern nur, wenn der Staat es mir erlaubt; ich kann nur weggehen, wenn es keine Probleme zwischen uns gibt, wenn ich nicht gesucht, verfolgt werde … Kurz, der Staat hat das erste und das letzte Wort. Wenn man versuchen würde, eine Besonderheit des Staats freizulegen, dann könnte man sie so bezeichnen: Der Staat ist das, wovor man nicht fliehen kann. Man kann ihm nicht entkommen. Man versteht also, wie stark die Konstruktion der Vertragstheorie mit Vorurteilen behaftet ist, wenn sie die Zustimmung an den Ursprung dessen stellt, was vielleicht eine der ganz wenigen sozialen Entitäten ist, der wir niemals zustimmen, eines der seltenen Sozialverhältnisse, in denen die Logik der Zustimmung völlig abwesend ist.

Gesetz und Verhältnis zur Welt

Je weiter man im Verständnis des Gesetzes und seiner Handlungen vordringt, umso größer muss die Menge jener Erfahrungen erscheinen, die einem politischen Subjekt aufgenötigt werde. Der Jurist Herbert L. A. Hart stellt nämlich fest, dass die philosophische oder soziologische Reflexion über das Recht oft unvollständig ist, weil es sich auf eine zu beschränkte Auffassung stützt: Wenn wir das Gesetz zum Gegenstand nehmen, dann definieren wir im Allgemeinen die Rechtsordnung als ein Normensystem, das auf Strafandrohungen beruht.[128] Das ist die typische Gestalt des Strafrechts, das einen dazu zwingt, eine gewisse Anzahl von Akten zu vollziehen oder nicht zu vollziehen, und die denjenigen eine Strafe verspricht, die diesen Aufforderungen zuwiderhandeln.

Doch das Recht hat eine andere Dimension. Hart sagt, dass es auch eine Aktivität ist, die soziale Formen erschafft, die den institutionellen Rahmen gestaltet und festigt, und die manchmal Individuen Unterstützung dabei bietet, ihren Willen durchzusetzen. Eines der Beispiele, die Hart nennt, ist die Institution der Ehe, eine Rechtsform, die aber nicht der Definition einer von Sanktionen unterstürzten Ordnung entspricht: Die Ehe ist eine Möglichkeit, die das Recht Individuen eröffnet, um ihr Leben zu entfalten, sie hat keinen verpflichtenden Charakter. Bei den Rechtsformen, auf die Hart die Aufmerksamkeit lenkt, handelt es sich aber nicht nur um solche, die wie die Ehe Individuen Möglichkeiten eröffnen. Die Rechtsbestimmungen, die die Möglichkeit und die Rahmenbedingungen liefern für beispielsweise die Existenz von Gefängnissen, von Schlachthöfen, in denen Tiere getötet werden, oder das Hervorbringen einer Fiktion wie die „juristische Person“, die ihr Einverständnis erklären kann, entstammen genau derselben Kategorie, der zufolge die Rechtsordnung als Schöpfer von Formen agiert.[129]

Wenn wir daran denken, was das Gesetz uns erdulden lässt, dann darf man sich nicht auf die Situation beschränken, in der wir anders handeln wollen, als es das Gesetz erlaubt. Wenn wir das Gesetz als eine Ordnung verstehen, die gesellschaftliche Beziehung und Lebensformen strukturiert, dann müssen wir die Einwirkung des Gesetzes auf unser Vorstellungsvermögen beachten, das heißt sowohl die Situationen, in denen ich eine andere Welt wollen könnte als die Welt, die das Gesetz existieren lässt, als auch die Weise, wie das Gesetz das Mögliche und Denkbare begrenzt.

Wenn ich geboren werde, werde ich in eine Welt geworfen, in der es Gefängnisse, Schlachthöfe, Produktionsverhältnisse, Lohnarbeit, eine Organisation des Strafrechts usw. gibt. Diese Rahmenbedingungen sind rechtlich strukturiert und zwingen sich mir auf.

Sie organisieren mein Leben und das Leben der anderen. Es wird mir auferlegt, in einer Welt zu leben, in der sie da sind. Wenn ich zum Beispiel für die Abschaffung des Gefängnisses bin, aber in einer Welt lebe, in der es das Gefängnis gibt, wenn ich für die Abschaffung von Schlachthöfen in einer Welt bin, in der das Gesetz die Existenz von Schlachthöfen erlaubt, wenn ich gegen Lohnarbeit bin in einer Welt, in der es Lohnarbeit gibt, dann strukturiert das Gesetz eine Welt, die ich nicht will – oder um es so deutlich wie möglich zu sagen: Andere Leute, die in demselben Staat leben wie ich, nehmen sich das Recht, mir *durch* das Gesetz aufzuerlegen, in dieser Welt zu leben, die ich nicht will. Ich werde von ihrem Willen besetzt.

Die Kenntnisnahme dieser Situationen der Diskrepanz, der Unstimmigkeiten, der Wut ermöglicht es zu verstehen, dass wir nicht als Bürger/Akteure leben, sondern als Zuschauer/Besetztes-Gebiet. Unsere politische Lage muss auch angesichts unserer Träume und Wünsche beurteilt werden: Man muss nicht nur die Kluft zwischen unseren Utopien und der realen Welt, in der wir zu leben verurteilt sind, sondern auch die Tatsache in Betracht ziehen, dass das Gesetz durch die Art und Weise, wie es die Welt errichtet, sogar unsere Fähigkeiten einschränkt, andere Gliederungen, den Raum der möglichen Fragen und Kämpfe usw. in Betracht zu ziehen.

V. Die Frage der Demokratie und des Rechts

1. Jenseits der Demokratie

Die Behauptung, dass das Gesetz sich dem Subjekt immer in Form eines fremden Willens darstelle und dass die politische Macht wesentlich eine Kolonialmacht sei, bedeutet nicht, dass es keine Unterschiede zwischen den Gesellschaften gibt, die wir für gewöhnlich als „kolonial" bezeichnen, und denjenigen, die wir für gewöhnlich als „demokratisch" bezeichnen. Eine solche Aussage wäre absurd und anstößig. Zugleich zielen die Analysen, die ich mich von Anfang an zu erstellen bemühe, darauf ab, diese Unterscheidung komplexer zu gestalten und neue Weisen der Benennung und Klassifizierung von Regierungssystemen hervorzubringen.

Die Unterscheidung zwischen „Kolonie" und „Demokratie" dürfte zuerst einmal nicht als eine Offensichtlichkeit postuliert werden und man darf ihre Realität nicht überschätzen. Es gibt viele Individuen und Gruppen, die in den sogenannten demokratischen Gesellschaften in Verhältnissen leben, die nahe an kolonialen Verhältnissen sind: W. E. B. Dubois hebt zum Beispiel in einem 1945 erschienenen Text mit dem Titel „Human right for all minorities" hervor, dass, selbst wenn die Vereinigten Staaten keine Kolonien haben, man sie nicht als ein Land ansehen kann, in dem sich die koloniale Frage nicht stellt. Sie stellt sich im Gegenteil gerade innerhalb des Staatsgebiets: Er erwähnt die Arbeiter, die in den Armenvierteln an den Stadträndern wohnen, und die Schwarzen, die unter Rassendiskriminierung und -trennung leiden.[130] Diese Gruppen leben unter objektiven Bedingungen der Unterdrückung, der Entbehrung, der Segregation, das heißt unter kolonialen Bedingungen. Wenn man an die Situation der Armenvierteln im heutigen Frankreich denkt, an die soziale, rassische und territoriale Segregation, an die gleichsam völlige Ausschließung vom Wahlprozess, wenn man des Weiteren an die Individuen denkt, die in Europa oder in den Vereinigten Staaten in Anhaltelagern leben, dann kann man durchaus den Ausdruck Dubois aufgreifen und von gleichsam kolonialen Realitäten in Hinsicht auf objektive politische Rechte, Bürgerrechte und reale Existenzbedingungen sprechen. Es bestehen Unterschiede zwischen sogenannten „kolonialen" Gesellschaften und sogenannten „demokratischen" Gesellschaften, aber es gibt auch Ähnlichkeiten, zumindest für bestimmte Gruppen.

Gesetze und Rechte funktionieren nicht auf die gleiche Weise für alle Gruppen und Zugehörigkeiten, sodass die Einschätzung über das Wesen eines politischen Regimes nicht pauschal ausfallen sollte und man nicht vorgeben sollte, dass sie für die Gesamtheit der Bevölkerung in einem Gebiet gilt. Selbst wenn wir auf demselben Gebiet leben, leben wir weder unter demselben Rechtsregime noch unter derselben Gouvernementalität. Man kann sich vorstellen, dass mit denselben Gesetzen bestimmte Kategorien der Bevölkerung in einer „demokratischen" Situation in dem Sinne leben, den man diesem Ausdruck für gewöhnlich gibt, und andere in einer „kolonialen" Situation, weil die Rechtsordnung für sie entgegengesetzte Wirkungen hervorruft. Wie ich in *Le Combat Adama* gezeigt habe, leben junge Männer in den Einwanderervierteln Frankreichs genauso wie junge Schwarze in den Vereinigten Staaten unter einer Gouvernementalität, die weitgehend der eines Polizeistaats entspricht, weil die Polizei über ihr Leben und ihr öffentliches Erscheinen totale Macht ausübt.[131] Politische Systeme dürfen nicht als territoriale Entitäten bestimmt werden, sondern müssen lokal, Fall für Fall, gruppenbezogen betrachtet werden, was bedeutet, dass jegliche allzu strenge Klassifizierung politischer Systeme wenig stichhaltig ist.[132]

Kolonie versus Demokratie

Die Kolonialfrage hat immer zahlreiche Dimensionen, rassische, wirtschaftliche, sexuelle. Doch wenn man sich auf das Problem der politischen Subjektivierung beschränkt, dann beruht unsere Unterscheidung zwischen „Demokratie" und „Kolonie" als zwei gegensätzlichen Regimen immer auf einer mythologischen Definition der demokratischen Form und des Verhältnisses des demokratischen Subjekts zum Gesetz oder zur Regierung.

Unser Verständnis des Unterschieds zwischen „Kolonie" und „Demokratie" beruft sich auf eine imaginäre Selbstbestimmung. Die koloniale Subjektivierung wird der demokratischen Subjektivierung entgegengesetzt, insofern in der Kolonie die Subjekte nicht souverän wären, einer Rechtsordnung unterworfen wären, die nicht die ihre sei, während in der Demokratie die Subjekte als Urheber ihrer Gesetze gedacht werden, die sich durch diese Gesetze selbst regieren. Deshalb hat die politische Antwort auf eine koloniale Situation immer die Form eines sogenannten „Befreiungskampfes" angenommen, der dazu bestimmt war, die Selbstbestimmung des Volks durch sich selbst zu ermöglichen. Die Black Panther Party bestimmte den Kampf der Schwarzen als einen Kampf für die Unabhängigkeit und nicht für die Integration in die amerikanische Rechtsordnung. Die Darstellung der Kolonialmacht als aufgezwungene Macht, die von außen auftaucht, erscheint in der Literatur über das Kolonialsubjekt von Frantz Fanon bis Achille Mbembe in der prägnanten Thematik der Spaltung, der Trennung, des gespaltenen Subjekts.

Die Begriffe „Kolonie" und „Demokratie" wirken in unserer Vorstellung als Stellvertreter für zwei Konstruktionsweisen des politischen Subjekts und der Souveränität. In ihrem bedeutenden Buch *L'Autre Citoyen* über das politische Regime auf den Antillen nach der Sklaverei führt Silyane Larcher eine Kritik des juridisch-politischen Statuts der Antillen nach 1848 durch. Es bestünde ein Paradox in der Situation der Bürger, die diese Gebiete bewohnen, da sie im April 1848 vollberechtigte französische Bürger werden, die dieselben zivilen und politischen Rechte haben wie die Bewohner des Mutterlandes. Doch zugleich werden ihre Gebiete nicht der gemeinsamen Verfassung, sondern besonderen Gesetzen unterstellt. Anders gesagt, die Antillenbewohner befanden sich in der sonderbaren Situation, Abgeordnete ins Parlament zu schicken, die Gesetze verabschiedeten, die nicht für sie galten! Sie waren jedoch Gesetzen unterworfen, über die sie nicht abstimmen konnten. Diese Logik der Einschließung/Ausschließung verkompliziert offensichtlich die koloniale Frage. Doch zugleich beruht eine der Gegensatzachsen zwischen dem Mutterland und den Antillen, die Larchers Studie entfalten, auf der Behauptung, dass die „Bürger" des Mutterlands Gesetzen unterworfen sind, für die sie „stimmen", während das für die Bürger der Antillen nicht der Fall ist.[133] Um nicht nur ihre Argumentation, sondern auch ihre Sicht der Realität und ihre Entgegensetzung zweier Formen politischer Subjektivierung zu entfalten, stützt sie sich in dem Buch also auf eine Unterscheidung zwischen „Demokratie" als Regierungsform, in der das Volk sich selbst regiert – die Subjekte sind Souveräne –, und „Kolonie" als Regierungsform, in der eine Kluft zwischen Subjektivierung und Souveränität besteht und folglich den Subjekten ein äußeres Gesetz auferlegt wird: Ich werde von einem Gesetz regiert, für das ich nicht gestimmt habe.

Doch inwiefern ist die juridisch-politische Ordnung, die sich dem Subjekt gegen seinen Willen auf einem gegebenen Gebiet auferlegt, selbst wenn es in Folge eines Wahlvorgangs geschieht, *seine* Rechtsordnung? Inwiefern stehe nicht auch ich *außerhalb* der französischen Rechtsordnung? Aufgrund welcher objektiven Grundlage, welcher Beobachtung kann man sagen, dass ich mich selbst regiere, dass ich ein souveränes Subjekt bin, wenn das Gesetz, das das Parlament, das heißt ein paar Abgeordnete (ein paar Kolonisten), verabschiedet, für mich gilt? Ist hier nicht, so wie in der gesamten politischen Theorie, eine kulturalistische, ja ethnizistische Vorannahme am Werk? Inwiefern regiert „das Volk" sich selbst in dem, was man „Demokratie" nennt?

Wenn wir unser Nachdenken in die Wirklichkeit der Wahlvorgänge, der gesellschaftlichen Kräfte und der politischen Logiken einbetten, dann erlaubt der Gegensatz zwischen kolonialer Subjektivierung und demokratischer Subjektivierung, so wie er gewöhnlich formuliert wird, nicht, die Wahrheit der Erfahrung des Subjekts zu beschreiben. Man kann weiter gehen und die Dinge affirmativ formulieren: Da wir einen Unterschied zwischen „Kolonie" und „Demokratie" nur mithilfe fiktiver Kategorien – „das Volk", „die Volkssouveränität" – und mythologischer Erzählungen – „das Volk verwaltet sich selbst durch die Wahl" – aussprechen können, können wir diesen Unterschied eigentlich nicht aussprechen, können wir ihn nicht nicht-mythologisch begründen – anders gesagt, es handelt sich um einen mythologischen Unterschied. Oder aber es ist ein Unterschied, der ausgehend von anderen Kriterien gedacht werden muss.

Vom Individuellen zum Globalen

Wenn der Gegensatz zwischen „Demokratie" und „Kolonie" als Gegensatz zwischen einem „Volk, das sich selbst regiert" und einem „Volk, das seine Gesetze von außen erhält" dennoch kohärent erscheint, dann deshalb, weil wir für Gemeinschaftsentitäten eine Argumentation anwenden, die auf der Ebene des Individuums gültig ist, ohne auf die Problematik einer solchen Übertragung zu achten. Im Maßstab des Individuums bin ich tatsächlich frei, wenn ich meinem Willen gehorche, und man zwingt mich zu etwas, wenn ein mir äußerer Wille mich leitet. Doch das Problem ist, dass auf globaler Ebene sich alles ändert. Wenn man von der individuellen Ebene zur Ebene eines Kollektivs von Individuen (ein Volk) übergeht, dann findet ein qualitativer Sprung statt, der die Begriffe der Selbstbestimmung und Selbstregierung sinnlos macht: Ein Volk regiert sich nicht selbst. Ein Volk ist ein Raum, in dem Individuen andere Individuen regieren. Es ist ein Ort von Konflikten zwischen Gruppen, Fraktionen von Gruppen, Interessen, und der Wille, der sich daraus ergibt, ist Teil der Reihe von Antagonismen und bildet einen ihrer Ausdrucksweisen. Die totalisierenden Kategorien und die Erzählungen, die diese Kategorien stützen, verlieren auf dieser Ebene jede Stichhaltigkeit, und es wird unmöglich, unsere geläufige (prozesshafte) Definition der demokratischen Subjektivierung aufrechtzuerhalten.

Imaginär

Keine Analyse des Verhältnisses des Subjekts zur Politik kann die Tatsache leugnen, dass das fiktive demokratische Imaginäre einen praktischen Effekt haben und der Tat und der Mobilisierung dienen kann. Jacques Derrida hat zum Beispiel gezeigt, wie Nelson Mandela sich auf die Vertragstheorie und den englischen Konstitutionalismus gestützt hat, um seine Kritik am Apartheid-Regime zu begründen, zur Revolution aufzurufen und illegale Untergrundaktionen zu rechtfertigen. In „Die Bewunderung Nelson Mandelas" analysiert Derrida nämlich die Deklarationen, die Mandela in Südafrika machte, als er 1962 und 1964 verurteilt wurde.[134] Derrida analysiert die Szene, in der Mandela dem Richter die Stirn bietet, und die stark derjenigen ähnelt, in der Ahed Tamimi vor den israelischen Richtern steht. Mandela spricht mit ihnen, er bezeugt und verteidigt seinen Gang in den Untergrund, seinen Übertritt zum bewaffneten Kampf, zur Sabotage, zum illegalen Streik. Und diese Tat nimmt er für sich gerade im Namen des Gesetzes in Anspruch – Mandela war Anwalt. Derrida zeigt, dass das Dispositiv, das er anordnet, darin besteht, sich des theoretischen Apparats des Konstitutionalismus und der Gesellschaftsvertragstheorie zu bedienen, um eine revolutionäre und oppositionelle Praxis zu begründen. Die Theorie des Gesellschaftsvertrags ermöglicht ihm, den Richtern zu sagen: Was ihr das Gesetz nennt, ist nicht das Gesetz, sondern es ist das Ergebnis eines Gewaltstreichs. Im Akt der Deklaration einer Verfassung liegt zwar immer implizit ein Gewaltstreich, doch eine Verfassung erhält Gesetzeskraft, wenn sie im Namen des gesamten Volkes ausgesprochen wird, wenn sie das gesamte Volk im Moment ihrer Deklaration umfasst. Die Verfassung Südafrikas gründet nun aber nicht auf diesen Einschließungsakt. Mandela sagt: Mein Volk und ich, wir stehen außerhalb der Verfassung. Dieser Akt kann also nicht beanspruchen, ein Gesetz zu sein. Die Verfassung hat keine Gültigkeit. Sie hat keinen rechtlichen Wert, denn „mein Volk und ich" sind von ihr ausgeschlossen. Es gibt kein Gesetz. Die Aktionen Mandelas, die sich aus der Idee eines zukünftigen Gesetzes, einer Verfassung für alle Südafrikaner rechtfertigen, sind hingegen sehr wohl legal. Sie verorten sich in der Perspektive des Gesetzes und der Gründung der Demokratie.[135]

Mandela verwendet also in seinen Reden die Begrifflichkeit der politischen Theorie, um den Staat dem Verbrechen, die Regierungstaten dem Verbrecher und die revolutionäre Praxis dem Recht zuzuordnen. Die Regierung gründet auf einem Gewaltakt, der der Idee des Gesetzes widerspricht, während die revolutionäre Aktion, die eine neue Verfassung für das gesamte Volk gründen möchte, sich auf den Begriff der kommenden Legalität stützen kann. Mandela meint, dass er, als er einen verbotenen Streik organisierte, seine Pflicht gegenüber seinem Volk getan hat und dass die Regierung verbrecherisch ist und vor Gericht gestellt gehört.[136]

Wenn man sich im Rahmen der politischen Theorie verortet, dann scheint das Argument Mandelas/Derridas stark zu sein. Doch besteht nicht eine Gefahr darin zu sagen, man führe eine politische Aktion im Namen des „gesamten Volkes" aus und das Gesetz könne auf so etwas gründen wie auf dem „Willen aller"? Denn diese Rhetorik bestätigt, bestärkt und festigt eine Gesamtheit von verstümmelnden Wahrnehmungen gerade in dem Augenblick, in dem es darum ginge, einen Befreiungsprozess in Gang zu setzen. Und man könnte sich sogar fragen, ob die Fokussierung auf die Verfahrensfrage so wichtig ist. Es geht doch nicht darum, ob die Verfassung die Aktion einer Minderheit ist oder auf dem Willen des gesamten Volkes gründet. Schließlich ist jede Verfassung ein Gewaltakt und es gibt keine absolute Grundlegung, bei der alle anwesend wären, und es ist gewiss, dass es in Südafrika zahlreiche Personen gab, die gegen den 1991 begonnenen Prozess der Verfassungsänderung waren. Es geht also nicht um die „Gesamtheit", das gesamte Volk, sondern um die konkreten Freiheiten, um rassische, geschlechtliche und wirtschaftliche Gleichheit; es ist bekannt, dass Südafrika heute ein System der Apartheid und der Rassentrennung trotz der neuen Verfassung wiedererrichtet hat.[137] Nicht die Grundlegung der Verfassung ist das Problem, sondern Rassentrennung und wirtschaftliche Unterdrückung.

Jenseits der Form

Sobald man um die Nicht-Stichhaltigkeit umfassender Begriffe wie Volk oder *demos* weiß und man folglich auf jegliches Phantasma einer Selbstregierung verzichtet, versteht man im Grunde, dass man tatsächlich den Wert des Wortes „Demokratie" in Frage stellen muss. Wenn es stimmt, dass die geläufige Definition der Demokratie auf Abstraktionen beruht, die aus der Perspektive der Wirklichkeit des politischen Prozesses gesehen keinen Sinn ergeben – müssten wir uns dann nicht andere Kriterien zulegen, um die Regierungsformen, in denen wir leben, zu beurteilen und unser politisches Ideal zu benennen? Schließlich gibt es kein Ende der Geschichte und es gibt keinen Grund zur Annahme, dass es unmöglich ist, andere Wörter zu finden, um zu sagen, was wir wollen …

Der Begriff der „Demokratie" deckt nämlich eine Menge sehr unterschiedlicher Bedeutungen ab – Wahl, politische Rechte, Pluralismus, den Schutz von Minderheiten, die Unabhängigkeit der Justiz … Doch weil ein jeder eine dieser Bedeutungen abhängig von den verfolgten Zielen und vom gegebenen Kontext mobilisiert, ist Demokratie ein Begriff, der unser Verhältnis zum Realen verdunkelt, anstatt die Dinge zu klären.

In jedem Fall ist es gewiss, dass man nichts damit gewinnen kann, eine Mystik der Selbstrepräsentation in unser Denken zu integrieren.[138] Jedes Gesetz, jede Regierung, jede Verfassung, jede Entscheidung ist der Ausdruck eines besonderen Willens und wird es immer sein. Notwendigerweise wird dieser Wille für diejenigen, die ihn nicht wollen, der Wille von Regierenden sein, der ihnen äußerlich ist. Kein Verfahren kann diese Logik umgehen (deshalb behauptete bereits Durkheim, dass die Demokratie sich nicht von der Aristokratie unterscheidet).

Die reduktionistische Dekonstruktion erzwingt daher die Ausarbeitung einer politischen Vision, die sich vom Fetischismus der Formen, der Verfahren und Grundlegungen freigemacht hat. Die einzige objektive Basis zur Beurteilung und Einordnung politischer Systeme besteht darin, die realen Lebensbedingungen und Freiheiten in Betracht zu ziehen, die diejenigen erfahren, die diesen politischen Systemen unterworfen sind. Ein vernünftiger Vergleich zwischen Rechtssystemen muss sich auf eine Beschreibung ihrer Existenzbedingungen und der für sie spezifischen Rechte stützen.[139] Wenn wir zum Beispiel den Unterschied zwischen den Kolonialsystemen und den sogenannten „demokratischen" Regierungsweisen kennzeichnen wollen, dann darf man das nicht „formal" tun, sondern eher, wie Olivier Le Cour Grandmaison in *De l'indigénat* es tut, durch eine Rekonstruktion der Unterdrückungsmechanismen, die in ihnen angewandt werden: verwaltungstechnische Internierung, Kollektivverantwortung und -strafen, Bewegungseinschränkungen, Fehlen öffentlicher Freiheiten, Hinrichtungen ...

Aus diesem Grund kann man nicht, wie es der Historiker Quentin Skinner in seinem Werk *Liberty before Liberalism*[140] tut, von einer „Debatte" zwischen der liberalen und der neo-römischen Tradition der Reflexion über die Freiheit sprechen. Die liberale Tradition behauptet, dass die Freiheit eines Individuums vom Stand des Gesetzes anhängt, das auf dem Gebiet herrscht, in dem das Individuum lebt, unabhängig von der Regierungsform, unter der es lebt: Wenn die Gesetze die gleichen sind, dann bin ich in einer Monarchie ebenso frei wie in einer Republik. Die neo-römische Tradition hingegen behauptet, dass ein Bürger nur in einer Republik frei ist, das heißt, dass er nur frei ist, wenn er Urheber seiner eigenen Gesetze ist und in einem autonomen Staat lebt. Die Behauptung, dass es einen Gegensatz zwischen diesen beiden Traditionen gibt, läuft darauf hinaus, die Tatsache zu missachten, dass das neo-römische Denken sich ausgehend von einem unhinterfragten und phantasmatischen Begriff der Selbstbestimmung entfaltet; es wird vergessen, dass der Ursprung des Gesetzes per definitionem unrein und denen äußerlich ist, die es nicht wollen, sodass am Ende einzig die Position Sinn hat, die die konkrete vom Gesetz konstruierte Ordnung untersucht.

2. Das Recht konkret denken

Die Ausarbeitung einer von jeder Mystik der Selbstrepräsentation und von jedem Fetischismus der Formen befreiten politischen Theorie führt nicht nur dazu, unsere Klassifizierung der Regierungsformen zu hinterfragen, sondern auch dazu zu hinterfragen, wie wir uns zum Recht verhalten, wie wir die Rechtspraxis denken und die Idee des Gesetzes und der Gerechtigkeit auffassen.

Konkrete Ordnung und Kritik der Gegenwart

Im Jahr 2018, als ein ultra-konservativer Richter nach Wochen des Protestes als Mitglied des Obersten Gerichtshofs der USA ernannt wurde und Empörung hervorrief, begann ein Text der Philosophin Judith Shklar in den progressiven Milieus zu zirkulieren, der die Frage nach der spezifischen Legitimität der Produktionsweisen des Gesetzes in der „Demokratie" stellte. In dem Auszug aus ihrem Artikel „Positive Liberty, Negative Liberty in the United States" behauptet sie, dass der Oberste Gerichtshof eine wesentlich antidemokratische Institution sei.[141] Demokratie sei die Herrschaft der Volkssouveränität und der Mehrheitsregel. Mit dem Obersten Gerichtshof haben nun aber 9 Personen – und in Wirklichkeit 5 – das letzte Wort und können sich dem in den Weg stellen, was „das Volk will". Es sei also eine Institution, die mit der demokratischen Idee und dem Begriff der Souveränität unvereinbar sei.[142]

Diese Art der Rhetorik wird oft in den Diskussionen über die Existenz eines möglichen „Konflikts" zwischen „Demokratie" und „Rechtsstaat" angewandt, da der Rechtsstaat Institutionen wie die

Höchstgerichte, den Verfassungsrat oder internationale Gerichtsbarkeiten voraussetzt, die sich dem Ergebnis einer Abstimmung in der Volksversammlung, ja eines Referendums widersetzen können und folglich das behindern, was der „Allgemeinwille" oder seine „Stellvertreter" fordern. Das bloße Vorhandensein solcher Rechtsinstitutionen bedeutet, dass die Souveränität nicht in letzter Instanz beim „Volk" liegt, sondern bei ein paar Richtern.[143]

Diese politischen Debatten tauchen regelmäßig auf, wenn das Verfassungsgericht (oder der Oberste Gerichtshof in den Vereinigten Staaten) ein Gesetz zurückweist, wenn der Europäische Gerichtshof für Menschenrechte ein Land verurteilt, wodurch einer Anklage der „Regierung der Richter", die die Missachtung der Volkssouveränität ankreidet, Tür und Tor geöffnet wird. Diese Logik, die mit der Definition der Demokratie im Widerspruch zu stehen scheint, weil die Richter die gewählten Abgeordneten scheinbar ersetzen, kann sogar noch weiter geführt werden. Es kommt vor, dass die Justiz sich nicht darauf beschränkt, Gesetze zurückzuweisen, sondern legislative Tatsachen schafft und also ihre Macht nutzt, um das Gesetz selbst zu bestimmen.[144]

Tatsächlich bezeugt gerade die Existenz einer solchen Diskussion unser Festhalten an einem mythologischen Verständnis des Gesetzes. Es gibt kein Gesetz, das einen Wert hätte, der höher als es selbst wäre, das etwas anderes als sich selbst repräsentierte, das etwas verkörpern würde, was „der Allgemeinwille" wäre und durch das das Volk sich selbst regieren würde, wie ich mich in diesem Buch zu zeigen bemühe. Das Gesetz stellt den Willen derer dar, die es formulieren. Was aus einem Wahlprozess, aus parlamentarischen oder juridischen Prozessen hervorgeht, reduziert sich immer auf den Ausdruck von spezifischen Entscheidungen oder persönlichen Interpretationen, die bestimmten Regierenden eigen sind, die sich durchsetzen, weil sie im Raum, in dem die Wahl sich vollzieht, über ein quantitativ größeres Gewicht verfügen. Wenn ein Konflikt zwischen dem Verfassungsgericht und der Nationalversammlung auftaucht, handelt es sich nicht um einen Konflikt zwischen „der Justiz" und der „Volkssouveränität", sondern um einen Konflikt zwischen dem Willen einiger Richter und dem Willen einiger Parlamentarier. Und die einzige Art, wie wir wissen können, auf welcher Seite wir uns befinden, besteht darin, eine *substantielle* Bewertung des Gesetzes als solches vorzunehmen. Wir wissen alle, dass der Oberste Gerichtshof manchmal unsere Rechte gegen den Willen der Mehrheit oder der Regierung verteidigt – in Kalifornien zum Beispiel hat der Oberste Gerichtshof ein erfolgreiches Referendum annulliert, das die Ehe zwischen gleichgeschlechtlichen Personen abschaffen wollte. Manchmal wird im Parlament eine fortschrittliche Entscheidung getroffen, manchmal im Obersten Gerichtshof, manchmal dank einer Volksabstimmung. Verfahren haben keinen intrinsischen Wert.

Übrigens, ändern wir nicht selbst ständig unsere Argumentation, betonen wir nicht diese oder jene Definition der Demokratie abhängig von den Entscheidungen, die von dieser oder jener Instanz getroffen werden, und davon, was wir wollen? Wir schätzen manchmal die juristische Argumentation höher ein, manchmal den Wahlprozess, manchmal die Mehrheitsentscheidung, manchmal die eines Richters, manchmal die Abstimmung in der Nationalversammlung und manchmal das Referendum, je nach unserer Position und den Präferenzen, die wir durchgesetzt sehen wollen. Wir sind Substantialisten – und wir haben recht damit. Es gibt keine andere Lösung.

Der Wert des Rechts

Wenn man auf den Glauben an die Vorstellung verzichtet, dass irgendein Verfahren einen gespaltenen Willen jemals in etwas anderes als ihn selbst verwandeln könnte, dann scheinen wir einer juristischen oder politischen Entscheidung niemals Wert dadurch zuschreiben zu können, dass wir uns auf ihre formalen Kennzeichen oder auf die Art, wie sie zustande gekommen ist, berufen. Dass ein Gesetz unter Berücksichtigung der „Verfahren" ausgearbeitet wurde, dass die Mehrheit für es gestimmt hat, dass eine Entscheidung „legal", „den Regeln entsprechend" ist, verleiht ihr keinen eigenen ontologischen Wert. Es ändert nichts an ihrem Wesen. Das Gesetz wird niemals zum Ausdruck des „Allgemeinwillens", der „Volkssouveränität" oder der Rechtsrationalität. Andere formal korrekte Entscheidungen hätten getroffen werden können, wenn andere Individuen, mit anderen kulturellen oder ideologischen Horizonten, dieselben Machtpositionen besetzt oder sich mobilisiert hätten. Kein Verfahren wird etwas daran ändern, dass ein Gesetz das ist, was es ist: ein Ausdruck von partikularen und nicht-gemeinschaftlichen Willen, die sich nur aus quantitativen Gründen durchsetzen, denen keinerlei intrinsischer Wert zukommt. Es ist immer möglich, dass eine Person gegen Millionen andere recht behält, deshalb können wir keine Rechtsordnung auf solche Überlegungen gründen.

Wenn wir den Erzählungen nicht mehr anhängen können, die den Glauben daran stützen, dass ein Wille seinen Status verändert, wenn er institutionalisierte Verfahrenswege einschlägt, oder dass die Rationalität des Rechts eine Argumentation in bestimmte Bahnen zwingt, welches Kriterium bleibt uns dann, um eine Entscheidung zu treffen oder zu beurteilen (je nach der Position, in der wir uns befinden)? Wie können wir das, was sich „Gesetz" nennt, gutheißen oder ablehnen? Was kann man „Recht" nennen?

Während die demokratische Mythologie versucht, dem Recht eine Grundlage im Verfahren und im Formalismus zu geben, so als ob durch diese Verfahren die Entscheidungen eine Art transzendentales Wesen erhielten, führt der Reduktionismus uns zu einem ganz anderen Denken und einer ganz anderen Praxis der Rechtsordnung. Von dem Augenblick an, da man das Recht keiner formalistischen oder prozeduralen Problematik unterwirft, müssen wir uns notwendiger Weise andere Wahrnehmungsweisen ausdenken. Und wir können uns Traditionen zuwenden, die die Tatsache betonen, dass jede staatliche oder rechtliche Entscheidung Folgen für die Welt und die Körper hat, Leiden lindert oder verschärft, selbst wenn dieser Aspekt vom klassischen Rechtsdiskurs oft schöngeredet oder gar einfach beiseitegelassen wird.[145] Die einzige objektive Grundlage, die uns für die Bestimmung der Rechtshandlung und unseres Verhältnisses zu ihr bleibt, ist die Beurteilung dieser praktischen Ergebnisse. Eine reduktionistische juridische Rationalität muss gänzlich eine soziale Rationalität sein.

Ich bin mir bewusst, dass die Idee, dass wir über eine Theorie der Rechtspraxis nachdenken müssen, die von ihrer Beziehung zur gesellschaftlichen Welt ausginge, unmittelbar als eine Rückkehr zu Carl Schmitts Doktrin konkreter Ordnung erscheinen könnte. Carl Schmitt hat sich zwar gegen die formalen Lesarten des Rechts, gegen den Positivismus und gegen den Normativismus namentlich Kelsens gewandt, indem er behauptete, dass die Rechtsnormen keiner rein internen Lesart unterworfen werden können. Das Recht erhielte seinen Wert aus den Funktionen, die es erfüllt, und die Rechtswissenschaft sei eine politische Wissenschaft: „Das Recht ist kein System autonomer und abstrakter Normen, keine reine Fiktion, sondern es drückt die substantielle Ordnung des Gemeinschaftslebens eines Volkes aus."[146]

Dennoch ist Carl Schmitts Konzeption, unabhängig davon, wie sie sich selbst darstellt, weder konkret noch verortet im Sinne eines reduktionistischen Zugangs. Schmitt bricht mit juristischen Abstraktionen nur, um seine Überlegung auf andere, politische und soziale Abstraktionen zu stützen. Die Behauptung, dass der Staat die „politische Einheit des Volks" sei, dass die Rechtsnormen nur als unmittelbarer Ausdruck des Willens „einer Gemeinschaft" Sinn hätten und daher die Reflexion über das Recht auf der Kategorie des Volks beruhen müsse, lässt kein konkretes, sondern ein abstraktes Denken erkennen.[147] Es bedeutet, eine Zwangsordnung auf der Fiktion einer „Gemeinschaft" und eines „Volks" aufzubauen – und es bedeutet daher, das Grundproblem des Rechts, nämlich das Problem des Eingriffs in gesellschaftliche Spaltungen, außerhalb des Rechts zu verorten. Wenn die Rechtsentscheidung so viel wert ist, wie ihre konkrete Wirkung wert ist, dann kann diese Wirkung in einer Welt voller Antagonismen nur mit differentiellen und relationalen Begriffen verstanden und qualifiziert werden. Im Grunde kann man sagen, dass eine sonderbare Nähe zwischen Kelsens und Schmitts Denken besteht, die sich darin ausdrückt, dass beide eine Rechtsentscheidung auf einer abstrakten Vergangenheit gründen wollen. Eine Rechtsregel müsste Teil von etwas sein, das ihr vorausgeht und ihr ihre Rechtmäßigkeit verleiht: entweder eine Grundnorm oder der Volkswille. Doch tatsächlich müssten wir das Recht in Bezug auf die Zukunft denken, mit seinen Macht- oder Gegen-Macht-Effekten.

Eine substantialistische Auffassung des Gesetzes

Wie kann man das Recht ausgehend von einer *konkreten* sozialen und politischen Theorie denken? Weshalb führt die Ausarbeitung einer Rechtspraxis, die sich ihrer Wirkungen völlig bewusst ist, zu einer Neudefinition der Begriffe Gesetz und Justiz sowie der allgemeinen Ökonomie dieser Praktiken?

Um verstehen zu können, wie eine soziopolitische Rechtslehre aussehen könnte, würde ich gern vorschlagen, dass wir uns von einem Text inspirieren lassen, den Louis Althusser 1978 veröffentlicht hat und mit dem er die Missverständnisse in Bezug auf den Begriff der „Diktatur des Proletariats" beseitigen wollte. Althusser denkt über die Bedeutung dieses Konzepts nach, nachdem mehrere kommunistische Parteien (namentlich die französische und die italienische) die Entscheidung getroffen hatten, auf seine Verwendung zu verzichten. Althusser bedauert diese Entscheidung. Er meint, dass sie darauf hinausläuft, den Einschüchterungen der reaktionären Kräfte nachzugeben. Er verteidigt diesen Begriff und seinen Gebrauch und hält daran fest, dass er für die Förderung einer bestimmten Konzeption der politischen Praxis und Aktion notwendig ist.

Althusser weiß durchaus, dass die Formel „Diktatur des Proletariats" destabilisierend wirkt, wenn es darum geht, eine politische Praxis zu benennen, die emanzipatorisch sein soll. Doch man muss gerade diese Destabilisierung nutzen, um unsere Wahrnehmungen neu zu gestalten. Die Formulierung „Diktatur des Proletariats" schockiert, weil wir den Begriff der Diktatur spontan mit einer politischen Form in Verbindung bringen: Es handle sich um eine Regierung, die jenseits der Gesetze stünde, deren Handlungen wesentlich gewalttätig und willkürlich wären. Althusser leugnet das nicht: Es handelt sich bei der Idee der „Diktatur des Proletariats" tatsächlich darum, etwas zu denken, das jenseits des Gesetzes liegt oder zumindest außerhalb des liberalen Rahmens der Reflexion über die Rechtsordnung – und genau aus diesem Grund interessiert mich dieser Begriff hier.

Althusser betont, dass die Diktatur des Proletariats nicht die Diktatur einer „politischen Form" ist. Es ist hier nicht die Rede von der Diktatur eines Staats, einer Regierung, von Regierenden, sondern von der Diktatur einer Gesellschaftsklasse. Die Diktatur des Proletariats ist die Herrschaft der Arbeiterklasse. Und Althusser zufolge ändert das alles. In der sozialen Welt gibt es eine Vielfalt von Ordnungen und Formen, in denen sich Herrschaftsverhältnisse entfalten: die Wirtschaftsordnung, die ideologische Ordnung, die schulische Ordnung … Die Diktatur des Proletariats verweist auf eine politische Praxis, deren Wesen von vornherein unbestimmt ist. Ihre Entfaltung muss *abhängig von den Interessen des Proletariats in jeder dieser Ordnungen* bestimmt werden. Sie wird also sehr unterschiedliche Formen annehmen, je nach den konkreten Räumen. In den Produktionsformen wird sie sich zum Beispiel mithilfe von Verstaatlichungen, Selbstverwaltung und Produktionskontrolle durch die Arbeiter vollziehen. In der politischen Ordnung wird die Diktatur des Proletariats das Gegenteil der Diktatur im geläufigen Sinne sein. Sie wird das sein, was man „die weiteste Demokratie" nennt: Die Neuordnung der Politik gemäß einer Praxis, die von den Interessen des Proletariats diktiert ist, bedeutet, der Masse die Macht zu geben, die Massendemokratie zu Ende zu führen: „Die politische Form der Diktatur des Proletariats muss die weiteste Demokratie sein. […] Die politischen Formen dieser Herrschaft kann nichts, außer ausnahmsweise und vorläufig, mit den Formen einer Regierung gemein haben, die über den Gesetzen stünde, also gewalttätig und diktatorisch wäre. Diese Formen sind normalerweise die der breitesten Massendemokratie."[148]

Plural

In einer pluralen, chaotischen Welt ohne Zentrum – wie die, in der wir leben –, in der Herrschafts- und Ausbeutungsmodalitäten komplexe Formen annehmen und die Gewalten von Natur aus spezifisch sind, kann man offensichtlich keinen Monismus gutheißen, der die Gesellschaft einzig unter dem Gesichtspunkt der Klassenverhältnisse liest. Doch Althussers Analyse interessiert mich, weil sie zu verstehen ermöglicht, dass eine juridisch-politische Praxis, die von einem konkreten Gerechtigkeitsideal geleitet wird, notwendig unterschiedliche Formen annehmen muss, je nach Situation und Machtverhältnissen.

Wenn man sich von dieser Analyse inspirieren lässt, dann versteht man, dass die Ausarbeitung und Umsetzung einer soziopolitischen Doktrin des Rechts es voraussetzt, dass ihre Argumentationen und Entscheidungen auf einer objektiven Grundlage beruhen, wie eine soziologische Auffassung der Welt, der Herrschafts- und Ausbeutungsprozesse, der Wirklichkeit der Machtverhältnisse und der Gesellschaftsklassen sie zu liefern vermag. Vielleicht müsste man versuchen, einen Bezug zum Recht herzustellen, der nicht das zur Grundlage hätte, was Althusser die Interessen des Proletariats nennt, sondern einen bestimmten Vitalismus, dessen Ziel es wäre, die Körper gegen Verstümmelung, Krankheit, Vergewaltigung, vorzeitigen Tod, Abnutzung und Verfolgung zu schützen, und dem man somit eine objektive Grundlage verschaffen könnte … Eine substantialistische Rechtspraxis müsste also der Idee eines lokalen, variablen, fallabhängigen Rechts den Weg bereiten, einem Recht, das abhängig von präzisen Situationen die Formen ändern und unterschiedliche Situationen unterschiedlich behandeln könnte. Das Recht würde dann nicht mehr bestimmte absolute und abstrakte Verbote aussprechen. Es würde die Handlungen gemäß ihrer politischen Orientierungen oder abhängig von den Weisen auffassen, wie sie in die Machtstrukturen und ihren Wirkungen eingeschrieben sind (gewissermaßen ist das bereits das, was geschieht, doch wird es verleugnet und widerspricht in der gegenwärtigen Rechtspraxis den Ansprüchen eines gerechten Gesetzes, wenn man die unterschiedliche Behandlungsweise zwischen der gewöhnlichen Kriminalität in den unteren Volksklassen und der Kriminalität der höheren Angestellten ansieht).

In einem Buch über den Antifaschismus denkt Mark Bray zum Beispiel darüber nach, wie die antifaschistische Bewegung den

Wert des formalen Rechts auf freie Meinungsäußerung in Frage stellt. Antifaschistische Aktivisten sind bekannt dafür, Vorträge, Lesungen und Versammlungen von rechtsextremen Autoren oder Aktivisten zu stören oder zu verhindern. Sie werden also manchmal als Feinde des Rechts auf freie Meinungsäußerung angeprangert, ja als Gruppen, deren Praktiken denjenigen der Faschisten, gegen die sie sich zu wenden behaupten, ähnlich sind. Ein Punkt scheint mir besonders wichtig: Die Ablehnung des Formalismus. Ja, antifaschistische Aktivisten stellen sich gegen das formale Prinzip des Rechts auf freie Meinungsäußerung. Sie verknüpfen ihre politische Praxis mit einem substantiellen Prinzip, mit dem Wohlergehen und der Sicherheit marginalisierter Bevölkerungsgruppen. Wie Althusser das in Bezug auf die Diktatur des Proletariats tut, entscheiden sie abhängig von diesem Prinzip über die Form ihrer Aktion in unterschiedlichen Ordnungen: Wenn man die Gerechtigkeit als Schutz von Minderheiten definiert, führt der Slogan „No Platform for Fascism“ dazu, Hassreden zu verbieten und zu unterbinden, und parallel dazu, die Verbreitung progressiver Reden zu erlauben und zu garantieren. Diese Praxis erscheint nur dann widersprüchlich, wenn man Gefangener einer formalen Perspektive bleibt: aus substantialistischer Perspektive gesehen ist sie kohärent.[149]

Die Wirklichkeit des Rechts

Sicherlich könnte man dieser Art von Analyse vorwerfen, dass die Koppelung des Rechtsbegriffs an eine soziale und politische Argumentation geradezu eine Zerstörung dieses Begriffs bedeute. Wenn man ein ausgerichtetes, lokales Recht ausarbeitet, ein Recht, das abhängig von sozialen Kategorien und strategischen Zielsetzungen variiert, ein zerstreutes und singuläres, ein soziales und gerechtes Recht, zerstört man dann nicht die Idee des Rechts und die Werte Neutralität, Universalität und Parteilosigkeit, die normalerweise mit dem Rechtsbegriff verbunden sind? Das ist eines der Argumente, die Jürgen Habermas in *Faktizität und Geltung* entwickelt, wenn er behauptet, dass das Recht als Recht nur Sinn hat, wenn es gewissermaßen über das hinausgeht, was er „die Politik" nennt. Wenn das Recht politisch ist, wenn es nur der Ausdruck des Willens der Regierenden ist, dann stellt sich Habermas zufolge die Frage, wie es Autorität und Anerkennung bei den Individuen erlangen kann, die ihm unterworfen sind. Das sakrale Recht bezog seine Kraft daraus, dass es dem Souverän unverfügbar war und auf alle angewandt wurde … Und damit das Recht Recht bleibt, muss immer „ein Moment Unverfügbarkeit"[150] bleiben. Wenn das Recht nur ein Werkzeug ist, wenn es der Politik unterworfen ist, wenn sein Wert nur substantiell ist, dann zerstöre man sowohl den Rechtsbegriff als auch den Politikbegriff, denn es wäre unmöglich, die politische Herrschaft als eine Macht zu verstehen, die vom Recht gerechtfertigt ist: „Aber wie kann vom beliebig änderbaren politischen Recht noch eine ähnlich verpflichtende Autorität ausgehen wie zuvor vom unverfügbaren sakralen Recht?"[151]

Das nennt Habermas in der Nachfolge Luhmanns die Gefahren der „Entformalisierung des Rechts"[152]. Habermas ist besorgt darüber, dass die Moderne, vor allem durch das Verwaltungsrecht, von einer Tendenz gekennzeichnet ist, den Formalismus und die logische oder prozedurale Kohärenz des Rechts aufzulösen, die Rechtsentscheidungen außer-juridischen (sozialen, wirtschaftlichen, ökologischen) Kriterien zu unterwerfen, die es seiner Kohärenz, seines Sinns und seiner „Legitimität" – letztlich seines Charakters als „Recht" berauben könnten.

Man könnte sagen, dass Habermas in einem gewissen Sinn recht hat: Die Annahme einer realistischen Auffassung des Rechts und des Staats läuft darauf hinaus, die traditionellen Definitionen des Rechts und die Wahrnehmung der Rechtsordnung als einer Ordnung, die auf formaler Rationalität beruht, in eine Krise zu stürzen. Man muss tatsächlich einen anderen Begriff des Rechts und einen anderen Begriff des Staats schmieden.

Klarsicht

Es scheint mir wichtig, zuerst zu erwähnen, dass die Weise, wie Habermas die Frage stellt, an sich problematisch ist: Es ist nicht notwendig wahr, dass die Rechtsordnung deshalb funktioniert, weil die Subjekte ihre Legitimität anerkennen. Nur die Übernahme eines rein subjektivistischen und scholastischen Vorurteils kann dazu führen, das zu behaupten. Ich werde darauf im nächsten Kapitel zurückkommen.

Doch wichtiger noch: Die Entformalisierung des Rechts, der Übergang von einer formalen Auffassung seiner Operationen zu einer substantiellen Auffassung, bedeutet nicht, wie Habermas glaubt, einen Bruch zu vollziehen, sondern bloß von einer mythologischen Vorstellung zu einer klarsichtigen Vorstellung überzugehen. Denn nicht allein deshalb, weil das Recht sagt, dass es von der sozialen Welt „abstrahiert", ist es tatsächlich schon abstrakt und ist seine Funktionsweise nicht objektiv Teil des gesellschaftlichen Spiels. Das Recht ist nicht deshalb, weil es sich als auf formalen Grundlagen und universellen Kategorien gegründet darstellt, auch tatsächlich auf formalen Grundlagen und universellen Kategorien gegründet.

Habermas meint, dass die Unterordnung der rechtlichen Rationalität unter die Politik darauf hinausläuft, einen Prozess der Entformalisierung des Rechts in Gang zu setzen. Doch vielleicht wäre es besser, dieses Verfahren als das Ende eines scheinheiligen Bezugs zur Realität zu beschreiben. Wie die marxistische Kritik ausführlich gezeigt hat, bedeutet die Fundierung des Rechts auf abstrakten Kategorien nicht, dass es nicht objektiv abhängig von konkreten Kategorien agiert und seine Rolle sich nicht abhängig von sozialen Konflikten bestimmt. In *Zur Judenfrage* behauptet Marx sogar, dass die Konstruktion eines Rechts in Absehung von den Unterschieden der Geburt, des Standes, der Bildung, der Beschäftigung, das heißt die Gründung von Rechtskategorien auf der Abstraktion und Missachtung von Gesellschaftskategorien, nicht bedeutet, die „faktischen Unterschiede"[153] abzuschaffen; sie bewirkt im Gegenteil vielmehr die Existenz und Reproduktion dieser Unterschiede. Marx und Engels betonen in der *Kritik des Gothaer Programms*, dass die Konstruktion eines gleichen Rechts, das die realen Ungleichheiten beibehält, nicht die Konstruktion eines gleichen Rechts bedeutet, sondern eines ungleichen Rechts, eines „Rechts der Ungleichheit"[154].

Wenn man das Recht errichtet, indem man die sozialen Sachverhalte und Kategorien als nicht-juridisch bezeichnet, indem man wirtschaftliche, ökologische und rassische Problematiken aus ihrer Ausarbeitung ausschließt, bedeutet das überhaupt nicht, ein „abstraktes" Recht zu konstruieren, sondern ein sehr konkretes Recht, sehr substantielles Recht einzusetzen, das meistens im Dienste der Reproduktion der faktischen Unterschiede wirkt. Das abstrakte Recht, so wie wir es kennen, ist Teil der Gesellschaftsordnung und spielt in ihr eine ganz bestimmte Rolle, doch es tut dies nicht ausdrücklich.

Anders gesagt, das Recht, das abstrakt und formal in seiner Erscheinung ist, hat in der Realität seiner Operationen Anteil an der Ausübung der politischen Herrschaft. Michelle Alexander hat in *The New Jim Crow* gezeigt, dass zahlreiche Rechtsanordnungen, die bis 1964 in den Südstaaten die Rassentrennung regelten, in ihrer Äußerung tatsächlich rassisch neutral waren (die Tests und Steuern für die Wahlen, die Diskriminierung von Kriminellen usw.), ohne dass sie dies daran gehindert hätte, konkret zur Konstruktion eines Regimes der Rassentrennung beizutragen.[155]

In jedem Fall wirkt das Recht im sozialen Leben, dort entfaltet es seine Wirkungen. Wenn eine Rechtsargumentation formal konstruiert ist und Entscheidungen ohne Hinsicht auf substantialistische Elemente getroffen werden, schafft man ein Recht, das im Realen trotz allem tendenziös operieren wird. Es wird substantialistisch sein, auch wenn man sich seine praktische Tragweite schlichtweg nicht eingestehen wird. Die Sichtweise des Rechts, die Habermas bewahren will, ist also naiv: Er hält an fiktiven Vorstellungen, die das Recht von sich selbst gibt, fest, um die Rechtsordnung zu denken, anstatt von der Wirklichkeit auszugehen. Er glaubt, dass das Recht abstrakt und formal ist, weil es sich so darstellt, während es in Wirklichkeit konkret und substantiell ist. Das Recht lügt über die Wirklichkeit seiner Operationen, und Habermas reproduziert diese lügnerischen Formen. Mein Projekt besteht daher nicht darin zu sagen, wir müssten das Recht entformalisieren – denn es ist nur scheinbar formal. Es besteht darin zu sagen, dass wir ihm anders Substanz verleihen müssen, ausgehend von einer bewussten Theorie und Praxis der Justiz und des Lebens.

VI. Bis wohin? Die Frage der Gewalt

Die Einschreibung der „Politik“ ins Spiel der Antagonismen muss uns dazu führen, uns nicht nur über Institutionen und ihre Zwecke Gedanken zu machen, sondern auch über die Mittel der Politik und der Regierung, das heißt über die Frage des Zwangs. Die Position, in der wir uns als Subjekt befinden, ist zwar weitgehend passiv, doch wenn wir unsere Lage verstehen wollen, müssen wir uns auch über uns selbst als Subjekte Gedanken machen, die manchmal handeln oder die manchmal zur Errichtung einer Reihe von Gesetzen aufrufen.

Von dem Moment an, da wir uns nicht von jeder Verantwortung gegenüber dem Gesetz lossagen und wir den Staatsapparat nicht unseren Feinden überlassen, müssen wir uns der Frage unseres Verhältnisses zur Gewalt stellen. Selbst wenn wir versuchen wollten, eine Art Reinheit zu bewahren, indem wir aus Prinzip jede Zusammenarbeit mit dem Staat ablehnten, würde das bedeuten, dass wir die staatlichen Waffen anderen überließen und dass wir also hinnehmen würden, dass die Staatsgewalt fortgesetzt wird. Selbst wenn „die Gewalt fortsetzen“ und „zulassen, dass Gewaltakte fortgesetzt werden“ nicht dasselbe ist (wobei diese Unterscheidung auch nuanciert werden muss), hätten wir dennoch einen Bezug zur Gewalt.

Sicherlich ist die Feststellung, dass die politische Frage mit der Frage der Gewaltausübung und der Frage des *enforcement* zusammenfällt, nicht neu.[156]

Schon in der *Metaphysik der Sitten* bemerkt Kant: „Mit jedem Recht in enger Bedeutung (*jus strictum*) ist die Befugnis zu zwingen verbunden.“[157] Und man könnte den Eindruck gewinnen, dass die politische Theorie immer die Reflexion über das Recht mit der Reflexion über die Gewalt verbunden hat.

Doch eigentlich unterhält die politische Philosophie ein sonderbares Verhältnis zur Frage der Gewalt. Man kann sich sogar fragen, ob sie nicht trotz ihres rationalen, abstrakten, entfleischlichten Anscheins der Ausdruck der gleichsam psychologischen Angst ist, die die Autoren empfinden, wenn sie die Frage angehen, was ein politisches Subjekt ist, und der Ausdruck ihres Willens, öffentlich nicht eingestehen zu müssen, dass sie die Ausübung von Gewalt befürworten. An der Wurzel der traditionellen politischen Theorie steht eine Art Angst. Die politische Philosophie erscheint wieder einmal als ein gigantisches System, das nicht dazu bestimmt ist, unsere Lage aufzuklären, sondern dazu, sie uns zu verbergen. Man muss sich also von ihr fernhalten, um eine Theorie und eine Ethik des Zwangs zu konstruieren.

1. Die Stirn bieten

Die Leugnung der Gewalt des Staats

Um die Frage der Gewalt zu umgehen und von ihr abzulenken, ersetzt die politische Theorie sie oft durch die Thematik der Legitimität. Die Autoren verbinden Gesetz und Zwang. Doch anstatt über Gewalt nachzudenken, praktizieren sie eine Art Eskapismus in die Legitimität, um Zwangsmaßnahmen nicht mehr als Probleme auffassen zu müssen. Ihnen zufolge genügte es, die Kriterien der Verbindlichkeit demokratischer Institutionen zu bestimmen, denn wenn die Institutionen verbindlich sind, seien auch die Handlungen, die ausgeführt werden, um ihnen Respekt zu garantieren, demokratisch verbindlich. Die Theorie verwandelt also die handfeste Frage der körperlichen Gewaltausübung in eine abstrakte Frage über die Normen der Verbindlichkeit einer Rechtsordnung.[158]

Doch die fundamentale Operation, die die Theorie vollzieht, um eine realistische Problematisierung der politischen Gewalt abzublocken, besteht darin, die Handlung des Staats von privaten oder zivilen Handlungen zu unterscheiden, um zu behaupten, dass der Zwang, den der Staat auf uns ausübt, im Grunde nicht gewaltsam sei.

Die politische Philosophie verbindet die Ausarbeitung des Rechts mit Prozessen, die als rational und kollektiv dargestellt werden, und sie garantiert somit dieser Instanz eine Art Immunität gegenüber der Erfassung ihrer gewaltsamen Dimension. Wenn die Rechtsordnung gegründet ist, dann gäbe es also so etwas wie eine prinzipielle Gewaltlosigkeit des Staats. Die Idee des Staats setzt voraus, dass der Staat nicht gewaltsam ist; wenn er als Staat agiert, wenn er die Verfahren und Regeln respektiert, die ihm zugrunde liegen oder die er erlässt, dann könne es sich nicht um Gewalt handeln. Die Gewalt gehöre in den Bereich des Privaten, der Gesellschaft, der Willkür – das heißt gerade in die Sphäre, der gegenüber der Staat sich als autonome Sphäre setzt. Die Gewalt – die Vendetta, die Rache usw. – gehört dem Bereich des Vorstaatlichen oder des Unterstaatlichen an. Jeder Autor, der diese Kategorie verwendet, um den Staat zu denken, wird somit angeklagt, unfähig zu sein, das Politische in seiner Besonderheit zu denken. Die Fetischisierung und Anpreisung des Staats hat ihre Vollendung in der Unterscheidung gefunden, die Hannah Arendt für nötig hält, um „Macht" – oder „Autorität" – von „Gewalt" zu trennen. Erstere wird als eine Materialisierung des gemeinsam durch Debatten ausgearbeiteten Willens aufgefasst, während Letztere auf instrumentale Mechanismen der Herrschaft, der Unterwerfung und der Auferlegung verweist.[159]

Weil die Handlungen des Staates auf dem Recht gründeten, auf einer Art Intersubjektivität, auf einem grundlegenden Pakt der Zustimmung, auf rationalen Verfahren, seien sie nicht gewaltsam: Sie gehörten in den Bereich der legitimen Kraftanwendung, der Macht, der Autorität, und sich für ihre Entfaltung auszusprechen, bedeutete nicht, sich für die Gewalt auszusprechen. Die Handlungen des Staats könnten fast als Akte gedeutet werden, durch die das Subjekt als Rechtssubjekt sich selbst regiert, sich selbst bestraft, sich selbst Repressionen auferlegt – und das ist im Übrigen ausdrücklich Kants These über die Todesstrafe: Die Todesstrafe ist kein Mord, weil sie ein Rechtsakt ist, dessen Subjekt, das das Objekt ist, als Rechtssubjekt den Rechtsakt will, im Unterschied zum Mord, einer privaten und grundlagenlosen Tat, die derjenige, der ihr zum Opfer fällt, nicht erleiden will. Das politische Subjekt ist ein rationales, vertragschließendes, deliberierendes Subjekt, es ist Mit-Gesetzgeber, sodass die Anwendung des Gesetzes ein Prinzip der Selbstregierung ist.

Die Neigung, das, was „legal" ist, als „nicht-gewaltsam" aufzufassen, stellt eine extrem starke Voraussetzung selbst bei jenen Autoren dar, die diese Vorstellung des Gesetzes nicht teilen. In einem „Souveräne Polizei" betitelten Text spricht Agamben die Frage der Nähe zwischen „Souverän" und „Polizei" an. Er behauptet, dass diese zwei Einheiten sich ähneln, weil sie sich in der Lage befinden, sich über das Gesetz hinwegzusetzen. Die Polizei beschränkt sich nicht auf die Verwaltungsfunktion der Anwendung des Gesetzes: Sie kann es immer situationsabhängig interpretieren, verändern, umdeuten.[160] Da der Souverän immer den Ausnahmezustand ausrufen kann, kann die Polizei sich vom Gesetz freimachen. Um diese Situation zu kennzeichnen, behauptet Agamben, dass dem Souverän und der Polizei die Eigenschaft gemeinsam sei, die Grenze zwischen „Gewalt" und „Recht" aufzuheben: „Wenn nämlich der Souverän derjenige ist, der dadurch, dass er den Ausnahmezustand ausruft und die Gültigkeit des Gesetzes aufhebt, den Ort bezeichnet, an dem kein Unterschied zwischen Gewalt und Recht besteht, dann bewegt sich die Polizei sozusagen in einem solchen ‚Ausnahmezustand'. Die Erfordernisse von ‚öffentlicher Ordnung' und ‚Sicherheit', über die sie in jedem Einzelfall neu entscheiden muss, bilden eine Zone der Unterscheidungslosigkeit zwischen Gewalt und Recht, die in exakter Symmetrie zu derjenigen der Souveränität steht."[161] Doch wie kann man das Recht und die Gewalt derart in einen Gegensatz bringen? Inwiefern wäre die Polizeiaktion, die dem Gesetz entspricht, „nicht-gewaltsam"? Woher stammt die Idee, dass Gewalt das ist, was außer-gesetzmäßig ist, was das Recht aussetzt? In *Gesetzeskraft* bestätigt auch Jacques Derrida diese Analyse, wenn er versucht, eine Unterscheidung zwischen der legitimen Kraft, die nicht gewaltsam wäre und die er hinnimmt, wenn er von „nicht-gewalttätiger Kraft" spricht, und der Gewalt, die illegitim wäre, aufzustellen. „Welcher Unterschied besteht zwischen einer Gewalt, die gerecht und angemessen sein kann, von der sich auf jeden Fall behaupten läßt, sie sei legitim, [...] und einer Gewalt(tätigkeit) [*violence*], die man immer für ungerecht hält? Was ist eine gerechte Gewalt, eine Gewalt, die nicht gewalttätig ist?"[162]

Perspektive

Doch es genügt, die Fragen von einer anderen Perspektive aus zu stellen, um die Gültigkeit jedes Unternehmens in Frage zu stellen, das die „Kraft“ des Staats von seiner „Gewalt“ unterscheidet. Eine ontologisch gültige Beschreibung des Staats führt dazu, die Unterscheidungen zwischen Kraft und Gewalt, zwischen Macht und Gewalt, zwischen unrechtmäßiger und rechtmäßiger Gewalt, zwischen Gesetz und Gewalt abzulehnen, weil diese Unterscheidungen so tun, als ob die Staatsgewalt anderen Wesens als die private Gewalt wäre oder als ob die Gewalt sich immer in der Aufhebung des Rechts verortete. Man muss dies ablehnen, zuerst, weil das, was staatlich oder legal ist, nichts anderes ist als die verstaatlichte oder legalisierte Gewalt, sodass unsere Unterwerfung unter die staatliche Ordnung derselben Logik folgt wie die anderen Zwänge, denen wir unterliegen. Aber vor allem löst sich der Gegensatz zwischen Kraft und Gewalt, zwischen legitimer Macht und Gewalt in nichts auf, sobald man sich auf die Seite desjenigen stellt, der Gegenstand einer Unterdrückungshandlung ist: Es besteht für ihn keinerlei ontologischer Unterschied darin, ob er von der Polizei oder von einer Verbrecherbande entführt wird: Ohne dass ich es will, ohne dass ich es akzeptiere, ohne dass ich jemals zugestimmt habe, auf dieser Welt zu sein und ihren Gesetzen unterworfen zu sein, kommen Leute, schlagen meine Tür ein und nehmen sich das Recht, mir ihren Willen aufzuzwingen.

Für denjenigen, der diesen Eingriff erdulden muss, ähnelt er jeder anderen Aggression: Jemand wendet Kraft an, um mich zu zwingen, seinem Willen Folge zu leisten. Es gibt hier keinen Wesensunterschied zwischen einer mafiösen Gruppe, einem Vater, einem Polizisten oder einem Richter. Wenn ein staatlicher Akt vollzogen wird, wendet ein Wille, der *mir äußerlich* ist, Zwang an, um mich zu bewegen: Der Gedanke, dass das Gesetz nicht gewaltsam sei, läuft darauf hinaus zu vergessen, dass ein staatlicher Eingriff für denjenigen, der ihn erdulden muss, eine Interaktion wie alle anderen ist, eine Beziehung zwischen zwei widerstreitenden Willen, die aufeinandertreffen. Deshalb habe ich in *Juger* vorgebracht, dass man das, was der Staat tut, nur verstehen kann, wenn man eine Gleichwertigkeit oder, besser noch, eine Selbigkeit zwischen den Handlungen des Staats und privaten Handlungen behauptet, was impliziert, dieselben Wörter zu verwenden, um sie zu benennen. Man muss sich dazu entschließen, nicht zu sagen, dass der Staat zu Tode verurteilt, sondern dass er ermordet (oder, noch besser, dass diejenigen, die Positionen im Staat innehaben, sich der Macht, die ihnen zur Verfügung steht, bedienen, um andere Individuen zu ermorden); nicht, dass er Individuen festnimmt, sondern dass er sie entführt; nicht, dass er sie gefangen nimmt, sondern dass er sie ihrer Freiheit beraubt; nicht, dass er Bußgelder verhängt, sondern dass er die Individuen beraubt; nicht, dass er sie durchsucht, sondern dass er sie überfällt.[163]

Foucault sagt irgendwo, dass Richter deshalb von der Frage des Geständnisses besessen sind und andauernd von den Angeklagten, die vor ihnen stehen, verlangen, das Vorgeworfene anzuerkennen und sich schuldig zu bekennen, weil sie es sich ersparen wollen, den Akt des Verurteilens zu vollziehen und die Gewalt, die er darstellt, auf sich zu nehmen. Die Art und Weise, wie die politische Theorie die Zwangsmaßnahmen des Staats rationalisiert, so als ob das Gesetz von demjenigen gewollt würde, der es (aus guten oder schlechten Gründen) nicht will und es erdulden muss, gehört genau derselben Logik an. Die Theoretiker suchen Werkzeuge, um das Recht zu legitimieren, um nicht die unvermeidlich gewalttätige Dimension des politischen Daseins auf sich nehmen zu müssen.

Staatlichkeit

Die Neigung, den Staat von Gewalt freizusprechen, ist nicht auf die politische Philosophie und die Rechtsphilosophie beschränkt. Auch hier fügen sich Theorien und spontane Erfahrungen ineinander. Wir sind alle Opfer einer Art symbolischer Staatlichkeit, die uns dazu führt, die Gewalt des Staats nicht zu begreifen und sie nicht in ihrer ganzen Intensität zu verspüren. Das wird zum Beispiel bei Diskussionen ganz klar, die über die Strafjustiz geführt werden. Man stellt der gewalttätigen Konfliktlösung oft den Respekt gegenüber den Verfahren und dem Rechtsstaat entgegen. Doch dieser angebliche Gegensatz vergisst, dass Festnehmen und Ins-Gefängnis-Werfen gewalttätige Vorgänge sind. Wenn ich sagte, dass ich jemanden, der mich angegriffen hat, zehn Jahre in meinem Keller gefangen halten möchte, würde ich sofort als Barbar erscheinen. Doch wenn ich Gesetze beschließe, die einem Richter die Macht verleihen, diesen Angreifer für zehn Jahre ins Gefängnis zu stecken, dann sagt man, dass ich für den Rechtsstaat eintrete.

Wir gründen unsere Debatten dauernd auf eine voreingenommene Wahrnehmung davon, was der Staat macht. Damit eine klarsichtige Diskussion möglich ist, müsste man wahrscheinlich den Staat wieder barbarisch erscheinen lassen, das heißt erkennen, dass das, was der Staat tut, prinzipiell gewaltsam ist für den, der es erduldet. Das heißt weder, dass wir notwendigerweise gegen diese Handlung sein werden, noch, dass sie nicht weniger gewaltsam sein könnte als die Handlung, die private Akteure setzen, sondern das heißt, dass die Diskussion auf dieser realistischen Auffassung gründen muss, damit sie einen Sinn hat.[164]

2. Politik ohne Legitimität

Politisches Handeln bedeutet Gewaltausübung gegenüber anderen Individuen, mit denen wir gegen unseren Willen und gegen den ihren zusammenleben und die Grund haben, die Legitimität unseres Willens nicht anzuerkennen. Wenn wir uns nicht völlig aus dem Spiel der Politik zurückziehen wollen, müssen wir also akzeptieren, dass es in unserem Willen liegen kann, Gewalt über Individuen oder Gruppen auszuüben, die mit uns nicht einverstanden sind – und sei es nur, indem wir sie dazu zwingen, in einer Welt zu leben, die sie nicht wollen.

Legitime Gewalt: eine selbstzerstörerische Kategorie

Die Hinnahme dieses Spaltungselements im Recht impliziert, auf Distanz zur Weber'schen Definition des Staats und zum Begriff der „legitimen Gewalt" zu gehen, die gewissermaßen die letzten Hindernisse für die Herstellung eines ehrlichen Verhältnisses zur Politik darstellen.

Weber definiert den Staat als eine Gruppierung, deren Besonderheit gegenüber anderen Gruppierungen, die sich in der Gesellschaft bilden, darin bestünde, dass sie es geschafft hat, das „Monopol legitimer physischer Gewaltsamkeit" auf einem bestimmten Gebiet durchzusetzen.[165] Diese Definition ist heute eine der klassischsten überhaupt und die Verbindung des Staats mit der Idee „legitimer Gewalt" stellt einen Gemeinplatz des Nachdenkens über die Politik dar.

Doch die Idee legitimer Gewalt ist selbstzerstörerisch: Sie ist logisch unmöglich. Man könnte die Dinge so formulieren: Es gibt nur zwei Möglichkeiten. Wenn Individuen die politische Ordnung als legitim anerkennen, wenn sie die Rationalität oder Gültigkeit des Rechts und der Institutionen akzeptieren, dann werden sie so handeln, wie diese Ordnung es will. John Rawls hebt selbst hervor, dass er in seine *Theorie der Gerechtigkeit* keine Reflexion übers Strafen einarbeitet, weil die Individuen in einer Welt, in der sie sich zu den Institutionen bekennen, an denen sie teilhaben, weder Übertretungen noch Verbrechen begehen.[166]

Doch, wenn es umgekehrt Gewalt gibt, dann gibt es per definitionem keine Legitimität mehr. Die Staatsgewalt richtet sich gegen ein Individuum, wenn dieses einen Akt gesetzt hat, der im Widerspruch zur Rechtsordnung, das heißt zu fremden Willen, die die Form des Gesetzes angenommen haben, steht. Indem das Individuum einen Akt gesetzt hat, der es der gewaltsamen Antwort dieser Gruppierung aussetzt, die Weber Staat nennt, hat es eine Art Unabhängigkeitserklärung gegenüber dem Raum der Legitimität ausgesprochen.

Wenn die formalen Rahmenbedingungen der Gesetzesproduktion anerkannt und die Verfahren hingenommen werden, dann verfügt das Subjekt über einen Willen, der mit der Rechtsordnung übereinstimmt, und es gibt keine Gewalt. Doch wenn das Subjekt seine Unabhängigkeit gegenüber dieser Ordnung behält, dann gibt es Gewalt, Konfrontation, aber es gibt, in seinen Augen, keine Legitimität mehr.

Die Idee der Legitimität

Im Grunde genommen kann man sich fragen, ob nicht gerade der Begriff der Legitimität, das heißt die Idee, dass die Ausübung politischer Herrschaft von denen anerkannt wird, die ihr unterworfen sind, in Frage gestellt werden müsste.

Der Begriff der Legitimität erfüllt eine wesentliche Rolle im Dispositiv der politischen Philosophie. Die Grundabsicht dieses Diskurses, die politischen von den sozialen Verhältnissen zu unterscheiden, ist auch durch die Voraussetzung gekennzeichnet, dass die politischen Verhältnisse keine Herrschaftsverhältnisse wie andere sind, sondern deshalb andauern, weil sie die Zustimmung derer erfahren, die ihnen unterworfen sind. Das ist ein Argument, das ständig wiederholt und als eine Offensichtlichkeit postuliert wird. Ein politisches Subjekt gibt nicht der Gewalt nach: Es gehorcht einer Ordnung, deren Legitimität er anerkennt.

In seinem Text über „Die drei reinen Typen der legitimen Herrschaft" behauptet Max Weber, dass es notwendig sei, auf den Begriff der Legitimität zurückzugreifen, weil die Erklärung der Achtung des Gesetzes durch die Sitte (die Verinnerlichung sozialer Strukturen und die Trägheit des Habitus) und durch das Spiel der Vor- und Nachteile (die Vorwegnahme der Repression) ihm unzureichend erscheint.[167] Eine politische Ordnung wäre „labil", wenn sie von denen, die ihr unterworfen sind, nicht als legitim angesehen würde. Jede Herrschaftsordnung wäre mit einem Legitimationssystem verbunden und Weber rückt die Frage der Modalitäten der Legitimation von Autorität, die erklären würden, dass die Subjekte so handeln, wie der Befehlende es verlangt, ins Zentrum der politischen Frage.[168]

In einem Text über die Mehrheitsregel bringt Hans Kelsen eine ähnliche Behauptung vor, wenn auch von einem anderen Blickpunkt aus: Die politische Theorie muss die Form einer Legitimitätstheorie annehmen, weil die natürliche Freiheit und die Rechtsordnung nicht miteinander vereinbar seien. Wenn wir die natürliche Freiheit als Autonomie und Behauptung seines eigenen Willens definieren, dann scheint diese Konzeption der Freiheit die Konstruktion einer Rechtsordnung, die prinzipiell das Subjekt einem Willen unterordnen können muss, den es nicht will, unmöglich zu machen. Wenn jeder macht, was er will, dann gibt es keine Rechtsordnung mehr. Die politische Theorie müsste die Bedingungen, unter denen sichergestellt wird, dass die der Rechtsordnung Unterworfenen sie für legitim halten, ins Zentrum ihrer Reflexion stellen.[169]

Diese Vorstellung, der zufolge die politische Ordnung „hält", weil die Subjekte ihr zustimmen, sitzt sehr tief. Im Grunde strukturiert sie auch Agambens These, wenn er behauptet, dass man Verfahren der *Absetzung* der politisch-rechtlichen Ordnung einrichten müsste, so als ob diese Ordnung sich deshalb aufrecht erhielte, weil die Subjekte an ihr mitarbeiteten, sodass es genügte, dass sie subjektiv vor ihr fliehen, dass sie sie absetzen, damit sie zusammenbräche.

Doch man könnte sagen, dass es nichts abzusetzen gibt, weil nichts eingesetzt ist. Alles ist bereits abgesetzt, ohne Sinn und ohne Zusammenhalt. Die Politik, das Gesetz, der Staat, sie alle funktionieren nicht im Modus der fundamentalen Einsetzung und Legitimierung.

Jede Theorie, die die Existenz einer Legitimität der Institutionen behauptet, befindet sich zuerst angesichts der bloßen Existenz der Kriminalität in einer Schwierigkeit: Sie kann sie weder erklären noch verstehen, da sie eben eine Illegitimität der Rechtsnormen zumindest für diese Individuen offenbart (wenn die Gesetze als rechtmäßig anerkannt werden, gehorchen ihnen die Individuen). Oder aber man muss wie Kant eine Theorie der „zwei Ichs" erfinden, die es erlaubt, so zu tun, als ob jeder von uns von einem Konflikt zwischen einem vernünftigen Ich, das das Gesetz will, und einem Leidenschafts- und Affekt-Ich, das manchmal das Verbrechen will, durchzogen wäre.[170]

In Wirklichkeit muss man die Vorannahme der ganzen Theorie über Legitimität und Anerkennung aufheben. Dass eine politische Ordnung einen Legitimierungsmodus voraussetzt, wird seit La Boétie und seinem Text über die freiwillige Knechtschaft durch ein rein quantitatives Argument gerechtfertigt, nämlich dadurch, dass, weil die Zahl der Beherrschten größer ist als die der Herrschenden, die Kraft bei den Unterworfenen liegt, sodass die Anerkennung der Ordnung nur von einer Selbstverstümmelung der Beherrschten stammen kann, die die Befehle des Souveräns hinnehmen.

Diese quantitative Argumentation beruht jedoch auf einer intellektualistischen Sichtweise, die den Köpfen von Individuen, die atomistisch nebeneinander leben, Argumentationen zuschreibt, die nur infolge einer Versammlungs- und Mobilisierungsarbeit gültig sind. Offensichtlich sind die Momente der Revolution und der Machtübernahme solche, in denen die Konstitution einer fusionierten Gruppe, um in Sartres Kategorien zu sprechen, ein Umkippen der Kräfteverhältnisse ermöglicht, und die Beherrschten die Macht denjenigen, die sie ausüben, entreißen oder ihnen zumindest streitig machen. Doch so spielen sich unsere Erfahrung als politisches Subjekt und unser Verhältnis zum Gesetz konkret und im Alltag gar nicht ab. Wenn ich handle, bin ich meistens allein – oder wir sind einige Wenige. Die Konfrontation des Subjekts mit dem Gesetz, sei es, weil es eine illegale Tat begeht oder weil es die Ordnung der Welt auflösen möchte, die das Gesetz errichtet, ist ein Moment, in dem das Subjekt sich in der Position der Schwäche befindet: Es steht allein vor einem zu stehlenden Scooter, einem Schlachthaus, das mordet, einer Steuererklärung, einem gewalttätigen Polizisten … Und in diesem Rahmen fällt das objektive, unleugbare, massive Kräfteverhältnis zugunsten des Staats und des repressiven Staatsapparats aus.

Hans Kelsen hält an der Unumgänglichkeit der Idee der Legitimität fest, weil es ihm offensichtlich erscheint, dass eine stabile Gesellschaft nur möglich ist, wenn die Subjekte mit der Rechtsordnung in einem Anerkennungsverhältnis stehen, das sie dazu führt, so zu handeln, wie das Gesetz es will. Doch vielleicht kann, um den fiktiven Charakter dieser Argumentation hervortreten zu lassen, die Frage wie folgt formuliert werden: Wenn wir uns objektiv die Frage stellen, wer kann ehrlich behaupten, dass er deshalb auf eine illegale Tat verzichtet hat, weil er die Legitimität der Mehrheitsregel oder die rationale Gültigkeit dessen, was sich als ein Rechtsstaat darstellt, anerkannte? Niemand kann vortreten, sich vorstellen und ehrlich sagen: Ich wollte etwas tun, das dem Gesetz widerspricht, aber ich habe darauf verzichtet, weil ich die Legitimität des rationalen Rechtssystems oder die Legitimität des Mehrheitsprinzips anerkenne. Nur ein politischer Philosoph kann das glauben, wenn überhaupt.

Der soziale und politische Konformismus ist kein Beweis für die Anerkennung der Legitimität der Institutionen und für die Zustimmung zur ihr. Er ist nicht die Wirkung einer politischen Argumentation. Er kann natürlich das Ergebnis davon sein, dass wir aus ethischen Gründen oder Interessensgründen mit dem Gesetz einverstanden sind und dass wir folglich das wollen, was das Gesetz will. Er kann auch das Ergebnis und der Ausdruck der Trägheit der Gewohnheiten sein. Er kann schließlich – sofern wir mit dem Gesetz uneinig sind – das Resultat unserer unterlegenen Position im Kampf mit dem Strafapparat sein. Der Konflikt zwischen natürlicher Freiheit und politischer Ordnung, den Kelsen zu sehen glaubt, löst sich auf, wenn man politische Autorität als etwas konzipiert, das auf Repression beruht: Die Rechtsordnung bleibt aufrecht aufgrund der Existenz der Polizei, des Gefängnisses, des repressiven Staatsapparats und der psychischen Zwänge, die sie ausüben. Was man „Gehorsam" nennt, stellt oft einfach einen Akt des Verzichts angesichts möglicher Repressionen dar. Man kann in ihm keinen Akt der Zustimmung sehen. Er ist der zynische Akt eines Subjekts, das sich an die Koordinaten anpasst, die die vor ihm liegende Welt organisieren. Es ist viel treffender, den Prozess, durch den ein Wille sich den staatlichen Willen anschließt, als Angst vor der Repression zu denken denn als Bekundung eines Anerkennungsakts. Andernfalls würden die Staaten zur „Lösung" des Problems der Kriminalität mehr in die Reform von Institutionen investieren (damit sie legitim erscheinen) als in Polizei und Gefängnis. Im Grunde ist der Begriff der Legitimität eine Neuformulierung der Idee des Gesellschaftsvertrags: Er setzt Zustimmung als Grundlage einer politischen Ordnung, die in Wahrheit auf dem Zwang, der Willkür und der erzwungenen Kopräsenz beruht.[171]

Selbstrechtfertigung

Diese Überlegung wäre jedoch nicht vollständig, wenn man nicht hervorheben würde, dass Weber in *Herrschaft* dem Begriff der Legitimität eine andere Bedeutung verleiht. Er behauptet, dass der in der Gesellschaftsordnung „günstiger Situierte", selbst wenn dieses Privileg rein zufällig ist, „das nicht rastende Bedürfnis fühlt, den zu seinen Gunsten bestehenden Kontrast als ‚legitim'"[172] ansehen zu dürfen. Er möchte seine Lage als nicht zufällig empfinden. Er möchte glauben, dass sie verdient ist. Somit ist jede stark begünstigte Gruppe dazu verleitet, eine „Legende" zu erfinden, um sich selbst davon zu überzeugen, dass ihre Überlegenheit einen guten Grund hat. Die Legitimierungsideologien wären vor allem Übungen der Selbstrechtfertigung, Ideologien, die sich die Herrschenden selbst geben, um vor sich selbst zu rechtfertigen, was sie tun. Weber bezieht sich in diesem Text immer wieder auf die Idee, dass die Gesellschaftsordnung stabil sei, wenn die nicht-privilegierten Schichten diese Legende allmählich akzeptieren. Doch das Originelle hierbei liegt darin, dass Legitimität nicht als etwas definiert wird, aufgrund dessen die Beherrschten sich gehorsam benehmen, sondern als die Art und Weise, in der Herrschende zu sich selbst sprechen und sich selbst Gründe für ihre Herrschaft und Gewaltausübung verleihen – ein wenig so, wie wenn Regierungen Rechtsgutachten erstellen lassen, um sich das Recht zu geben, außerrechtliche Exekutionen durchzuführen.

3. Die Nicht-Stichhaltigkeit der Gewaltlosigkeit

Wenn wir zugestehen, dass das Recht und der Staat sich dem Spiel sozialer Antagonismen einschreiben, dann wird es Individuen und Gruppen geben, die nicht mit uns einverstanden sind, wenn wir für eine Reihe von Regulierungen eintreten. Und wir müssen hinnehmen, dass wir Gewalt über sie ausüben werden – und sei es nur, weil wir sie dazu verurteilen, in einer Welt zu leben, die sie nicht wollen. Und im Gegensatz zum Versuch der politischen Philosophie, durch die Begriffe des politischen Körpers, des Gemeinwillens oder der Legitimität und durch ihre rhetorischen Tricks den Staat gewaltloser erscheinen zu lassen, dürfen wir nicht erwarten, in ihren Augen Zustimmung zur Ordnung, die wir wollen, zu sehen. Die politische Frage ist nicht die Rousseau-Kant-Habermas'sche Frage, auf welchen Grundlagen der andere und ich uns trotz unserer Meinungsverschiedenheiten einigen können, sondern die, welche Art politischer Ordnung ich will und welche Mittel ich anzuwenden bereit bin, um sie durchzusetzen …

Sich unserer politischen Lage zu stellen, verlangt, anders mit dem Konzept der Gewalt umzugehen. Der Ausdruck „Gewalt" wird im kulturellen und politischen Raum immer als ein negativer Begriff verwendet. Es gibt ein im Feld der Sozialkritik sehr weit verbreitetes rhetorisches Dispositiv, das darin besteht, „was nicht in Ordnung ist" mit „was gewaltsam ist" gleichzusetzen. Es genügt zu sagen, dass etwas gewaltsam sei, damit diese Aussage als Kritik aufgefasst wird. Diese Formulierungsweise bedeutet, dass wir uns als Sprecher setzen, indem wir uns auf die Seite der Gewaltlosigkeit schlagen. Wir sprechen uns das Vorrecht zu, die Gewalt den anderen vorzuhalten, mit allen symbolischen Profiten, die sich daraus ergeben.

Doch diese Position ist weder ehrlich noch aufrichtig. Jeder Theoretiker, der die Gewaltlosigkeit zu sehr hochhält, ist selbstgefällig und vermeidet es, die konkreten Probleme anzugehen. Von dem Moment an, da wir uns bewusst werden, dass die politischen Verhältnisse soziale Verhältnisse und demnach Kräfteverhältnisse sind, und zugleich an der Verantwortung gegenüber dem Gesetz festhalten, können wir der Tatsache nicht entkommen, unter Umständen für die Ausübung von Gewalt gegenüber anderen zu sein, die alleine dadurch notwendig ist, dass wir im selben Staat leben. Jedes klarsichtige politische Denken steht vor diesem ethischen Problem.

Anders gesagt: Es genügt niemals zu sagen, etwas sei „gewaltsam", um es zu diskreditieren. Denn das führt dazu, nicht zuzugeben, dass auch wir auf der Seite der Gewalt stehen können. Gewalt ist keine stichhaltige Kategorie. Man muss immer genauer fassen, von welcher Art Gewalt man spricht, mit welchem Ziel sie ausgeübt wird, in wessen Namen, mit welchen Folgen …

Jede Position, die sich als „gewaltlos" definiert, ist von Grund auf unehrlich. Das heißt nicht, dass die Autoren, die die Errichtung einer gewaltlosen Gesellschaft anstreben, nicht ehrlich wären. Jeder möchte die Abschaffung der Gewalt. Aber eine Position, die sich als gewaltlos darstellt oder die die Gewalt von Institutionen ausgehend von der Utopie einer konfliktfreien Gesellschaft kritisiert, ist problematisch.

Vielleicht müsste man hier den Sartre'schen Begriff der Inauthentizität verwenden. Denn die „gewaltlose" Position kann nur unter der Bedingung eingenommen werden, dass die Vertreter dieser Position ganze Problemkreise gleichsam verdrängen. Wenn zum Beispiel Forscher oder Aktivisten behaupten, „gewaltlos" zu sein, und die Verwendung von Aktions- und Protestmittel unterstützen, die als friedlich dargestellt werden, könnte man geltend machen, dass sie in Wirklichkeit nicht „gewaltlos" sind. Sie nehmen bloß hin, das Gewaltmonopol dem Staat zu überlassen. Sie nehmen es hin, dass die Polizei sie abtransportiert, sie schlägt, aus einem Gebäude wirft, sie vielleicht einsperrt … Anders gesagt, was

Gewaltlosigkeit genannt wird, lässt sich oft auf die aufopfernde Hinnahme reduzieren, der Staatsgewalt ausgesetzt zu sein und die Staatsgewalt unangetastet zu lassen. Von einem umfassenden, holistischen Standpunkt aus gesehen, bedeutet gewaltlos zu sein, es hinzunehmen, die Rahmen der Gewaltausübung, so wie sie existieren und geschichtlich konstituiert sind, zu bewahren. Jemand, der sich für gewaltlos erklärt, müsste sagen: Ich bin für das staatliche Gewaltmonopol und für die Selbstopferung.

Natürlich ist es legitim zu behaupten, dass Gewalt erleiden und Gewalt ausüben nicht dasselbe ist. Doch selbst auf dieser Ebene sind die Dinge nicht so einfach. Zuerst ist es immer schwierig festzustellen, wo die Gewalt anfängt und wo sie aufhört. In Deutschland hat das Bundesverfassungsgericht festgestellt, dass eine Sitzblockade auf der Straße als ein gewaltsames Aktionsmittel angesehen werden kann, da sie eine Nötigung der Autofahrer darstellt.[173] Wir können über eine solche Einschätzung lachen, doch wir sollten auch die Vorstellung ernst nehmen, dass jede Aktionsform – also auch diejenigen, die wir als gewaltlos bezeichnen (Streik, Besetzung, Demonstration) – mit Zwang gegenüber jenen einhergeht, deren Leben durch diese Aktionen gestört wird. Im Übrigen werden unsere Züge, Märsche und Versammlungen oft von der Polizei geschützt, was zeigt, dass die Entfaltung von sogenannten gewaltlosen Aktionen auch die potentielle Ausübung der Staatsgewalt gegenüber denjenigen bedingt, die versucht wären, sie zu stören.

Noch ein anderer Aspekt ist von Bedeutung. Sich für eine legislative Veränderung oder einen politischen Regimewechsel zu mobilisieren und zu sagen, man sei „gewaltlos“, bedeutet notwendigerweise zu wissen, dass andere Individuen nicht mit der rechtlichen oder politischen Ordnung einverstanden sind, die wir schaffen wollen – ansonsten müssten wir uns nicht mobilisieren … Anders gesagt, wenn wir uns als gewaltlos definieren, aber zur Veränderung einer gewissen Anzahl von Gesetzen aufrufen, zur Errichtung einer anderen Rechtsordnung, dann unterstützen wir Veränderungen, die den Rückgriff auf Zwangsmaßnahmen voraussetzen, um konkret durchgesetzt zu werden, und die manche zwingen werden, unter einer Rechtsordnung zu leben, die sie nicht wollen.

Auch die Situation von Universitätsangehörigen und Intellektuellen, die sich öffentlich als der Gewalt und insbesondere der Staatsgewalt feindlich darstellen, verdient, untersucht zu werden. Die bloße Tatsache, einen Diskurs in einer Universität halten zu können, der sich als gewaltlos darstellt, setzt nämlich, weil man vom Staat bezahlt wird, ein System der Steuereintreibung voraus, das auf Zwang, auf der Verfolgung von Steuerhinterziehern und folglich auf Staatsgewalt beruht. Selbst heute wird die Utopie der Gewaltlosigkeit gewissermaßen von der Staatsgewalt ermöglicht, wird von ihr finanziert. Sie bietet die Möglichkeit, Räume der Forschung, Veröffentlichung und des Schaffens zu errichten.

Die Frage der Steuer ist für jede politische Theorie wesentlich. Walter Benjamin hebt in *Zur Kritik der Gewalt* hervor, dass eine Rechtsordnung nicht nur gewaltsam ist, insofern sie tatsächlich auf gewaltsame Mittel zurückgreift, sondern auch, insofern Gehorsam durch Strafandrohung erzielt wird.[174] Solange man in einem System von Drohungen verbleibt, bleibt man im System der Gewalt.

Oft reduziert man die Kritik an der Staatsgewalt auf die Kritik der Polizei, des Gefängnisses oder des Strafvollzugs. Die Infragestellung des repressiven Staatsapparats stützt sich daher häufig auf einen Aufruf, die sozialen Strukturen zu verändern: Um gegen das Verbrechen zu kämpfen, solle man eher eine Politik der sozialen Gerechtigkeit als eine Politik des Strafens und der Inhaftierung ins Auge fassen. Die Gegenüberstellung von strafendem Staat und Sozialstaat – auf der einen Seite Handlungen, die die inegalitären Strukturen der Welt konservieren und sich darauf beschränken, die daraus folgenden Verhaltensweisen zu bestrafen, und auf der anderen Seite Programme, die auf mehr Gleichheit und eine Verbesserung der Lebensbedingungen abzielen – stellt im Raum der Kritik an der Staatsgewalt einen klassischen Gegensatz dar.[175] Doch selbst dieser Gegensatz ist problematisch. Denn wenn wir mehr soziale Gerechtigkeit, mehr Schulen, mehr Ärzte, mehr Lehrer wollen, dann bedeutet das auch, dass wir mehr Steuern wollen. Steuern eintreiben bedeutet nun aber Zwangsausübung über diejenigen, die sie zahlen und vielleicht nicht gerne zahlen wollen. Zu einer besseren öffentlichen Finanzierung der Schulen, der Krankenhäuser oder der Universitäten aufzurufen, bedeutet, dazu aufzurufen, Staatsgewalt auszuüben, heißt, für die Staatsgewalt zu sein.

Wenn man Pierre Bourdieus Gegensatz zwischen linker Hand des Staates und rechter Hand des Staates aufgreift, zwischen den Aktionen des Staates, die auf Umverteilung, Bildung und soziale Gerechtigkeit gerichtet sind, und jenen, die in Richtung Sparprogramme, Polizei und Unterdrückung gehen, dann darf man niemals vergessen, dass die Maßnahmen, die von der linken Hand in Angriff genommen werden, notwendigerweise die Intervention der rechten Hand oder die Drohung mit ihr voraussetzen.

4. Mittel

Wie ich von Anfang an gesagt habe, besteht mein Projekt hier in der Beschreibung der Wirklichkeit unserer Erfahrung und im Aufbau einer neuen Sprache. Selbst wenn es stimmt, dass die Theorie sich nicht auf ein Projekt des Auseinandernehmens der Welt beschränken kann, sondern auch an ihrem Wiederaufbau teilnehmen muss, beschränkt sich dieses Werk darauf, auszusprechen, welche politischen Probleme sich stellen, wenn man sie direkt angeht.

Wir verstehen schließlich, dass eine realistische Theorie unserer Lage in einer Perspektivenumkehr mündet. Jedes Nachdenken über die Politik darf nicht mit einer Frage nach den Zielen und Zwecken von Institutionen, sondern muss mit der Suche nach ihren Mitteln beginnen. Die politische Grundfrage ist *Bis wohin*?: Wieweit bin ich bereit, Gewalt gegen einen anderen anzuwenden oder ihm meinen Willen aufzuzwingen? Wie weit sind wir bereit zu gehen, wenn wir wissen, dass kein Verfahren die Äußerlichkeit des Subjekts gegenüber dem Gesetz, das es unterwirft, die Nicht-Zustimmung und die Gewalt dieser Unterwerfung ausrotten kann?

Bereits Walter Benjamin wies darauf hin, dass das Nachdenken über Politik Kriterien ausarbeiten müsse, um die Mittel unabhängig von jeder Betrachtung der Zwecke zu untersuchen: das Gefängnis, den staatlichen Repressionsapparat oder die Aktionen der Polizei als solche. Ja, man müsse sogar für ihre Abschaffung plädieren, indem man ganz einfach die Inkompatibilität zwischen den Zwangsmaßnahmen, die sie auferlegen, und einer menschlichen Ethik behauptet. Man könnte sich also vorstellen, wie Daniel

Loick vorschlägt, auf das Erreichen bestimmter Zwecke, die wir für gerecht halten, zu verzichten, weil die Mittel, auf die man dafür zurückgreifen müsste, inakzeptabel sind.[176] Das politische Bewusstsein führt dazu, die Frage der Polizei, des Strafvollzugs und des Zwangs ins Zentrum jeder Analyse der Praxis zu stellen. Und jede Theorie, die sich als „politische Theorie" ausgibt, doch in der ein Nachdenken über die Polizei, die Armee, das Gefängnis oder das Festnehmen fehlt, ist keine politische Theorie, sondern eine Art steriles Dissertieren.

Es kann sein, dass diese Probleme unlösbar sind und dass sie uns in geistreiche Spiele ziehen, die die auf Ethik spezialisierten Philosophen so sehr lieben. Aber vielleicht besteht ein erster Schritt im vernünftigen und ehrlichen Aussprechen dieser Fragen darin, ihre Formulierung zu ändern. Es wird immer ein gewisser Unsinn darin liegen, politische Analysen in allgemeinen und abstrakten Begriffen auszuarbeiten, diese Probleme anzugehen, als ob sie sich einem „Wir", einem „universalen Ich" oder einem „Subjekt, das will, was jedes Subjekt vernünftigerweise wollen muss" stellen würden: Dieser Aussagemodus setzt die Allgemeinheit dort voraus, wo man die Diskrepanz denken muss, wo man die Situation denken muss, in der ich einem anderen etwas aufzwinge, das er nicht will.

Die abstrakte Argumentation der rechtlichen und philosophischen Theorie erlaubt es, sich diesen Problemen nicht stellen zu müssen. Wir müssen uns konkrete Fragen stellen. Ich darf nicht fragen: „Welches Recht könnten wir begründen?", sondern: „Welches Recht möchte ich und was akzeptiere ich, um es durchzusetzen?". Wir dürfen nicht Gewalt und Gewaltlosigkeit einander entgegensetzen, sondern müssen uns fragen, welche Art von Gewalt wir persönlich bereit sind auszuüben, gegen wen und warum. Unter welchen Umständen bin ich einverstanden, den staatlichen Repressionsapparat zu benutzen, um meinen Willen jemandem aufzuzwingen, der ihn nicht will und den man niemals gefragt hat, ob er meinem Willen unterworfen werden will? Die abstrakte Rechtsargumentation muss man durch ein verortetes Befragen ersetzen, das uns unseren Wünschen und unseren Grenzen aussetzt. Wann fühle ich mich wohl mit der Ausübung einer Gewalt – mit der Tatsache, jemanden im Gefängnis zu behalten (das heißt ihn gefangen zu halten), ihn zum Arbeiten zu zwingen, um Steuern von ihm zu erheben (das heißt in gewisser Weise, ihn zu bestehlen) usw.? Auf welcher Grundlage kann ich, als Subjekt, eine Zwangsmaßnahme unterstützen?

Das Subjekt, das zum politischen Bewusstsein gelangt, befindet sich in der unmöglichen Situation, in der es sich Problemen stellen muss, ohne sich auf eine Argumentation zu berufen, die so tut, als ob der Mensch, der die Wirkung des Gesetzes erfährt, diese Unterwerfung wollte.

Die Politik ist ein Monolog. Und vielleicht ist der Anarchismus keine Denkströmung unter anderen, sondern das, was jeglicher politischen Reflexion keine Ruhe lässt, das, wonach jedes klarsichtige Bewusstsein strebt, aber auch das, von dem es weiß, dass es unmöglich ist.

Anmerkungen

1 Jean-Luc PICARD, François RANGEON, Jean-François VASSEUR, *L'Idée de science politique chez Thomas Hobbes*, Paris: Presses universitaires de France 1976. Online: https://www.u-picardie.fr/curapp-revues/root/7/picard_al.pdf. Vgl. auch Quentin SKINNER, *Freiheit und Pflicht. Thomas Hobbes' politische Theorie*, aus dem Englischen von Karin WÖRDEMANN, Frankfurt am Main: Suhrkamp 2008.

2 PICARD u.a., *L'Idée de science politique chez Thomas Hobbes*, op. cit.

3 Der französische Begriff *le sujet* bedeutet nicht einfach nur „das Subjekt", sondern insbesondere in der alten Staatslehre und bei Hobbes „der Untertan". Der Begriff *la sujétion* bedeutet „Abhängigkeit" oder „Unterwerfung". Im Übrigen leitet sich ebenso wie im Französischen das deutsche „Subjekt" von lat. *subiecti* („die Unterworfenen", „die Untertanen") her (A.d.Ü.).

4 Thomas HOBBES, *Leviathan*, aus dem Englischen von Jutta SCHLÖSSER, Hamburg: Felix Meiner Verlag 1996, S. 146.

5 HOBBES, *Leviathan*, a.a.O., S. 168.

6 Michel FOUCAULT, *In Verteidigung der Gesellschaft – Vorlesungen am Collège de France 1975/1976*, aus dem Französischen von Michaela OTT, Frankfurt am Main: Suhrkamp 2002.

7 Thomas BERNHARD, *Alte Meister. Komödie*, Frankfurt am Main: Suhrkamp 1988, S. 59 (A.d.Ü.).

8 Jean-Jacques ROUSSEAU, *Vom Gesellschaftsvertrag oder Grundsätze des Staatsrechts*, in Zusammenarbeite mit Eva PIETZCKER neu übersetzt und herausgegeben von Hans BORCKARD, Stuttgart: Philipp Reclam jun. 1977, S. 5.

9 John RAWLS, *Politischer Liberalismus*, aus dem Amerikanischen von Wilfried HINSCH, Frankfurt am Main: Suhrkamp 1998, S. 118.

10 Vgl. Bertrand GUILLARME, „Rawls, philosophe de l'égalité démocratique", in: Alain RENAULT, *Les Philosophes politiques contemporaines*, Paris: Calmann-Lévy 1999, S. 310. In *Les Théories de la justice* (Paris: La Découverte 1999, S. 71–90) beschäftigt sich Will Kymlicka eingehend mit Rawls Verwendung des Begriffs des Gesellschaftsvertrags.

11 Chantal MOUFFE, *Agonistik: Die Welt politisch denken*, aus dem Englischen von Richard BARTH, Berlin: Suhrkamp Verlag 2014, S. 107–131.

12 Pierre BOURDIEU, Jean-Claude PASSERON, *La Reproduction*, Paris: Éditions de Minuit 1972.

13 Ernst CASSIRER, „Das Problem Jean Jacques Rousseau“, in: *Über Rousseau*, hg. von Guido KREIS, Berlin: Suhrkamp 2012, S. 7–90.

14 Sigmund FREUD, *Totem und Tabu. Einige Übereinstimmungen im Seelenleben der Wilden und der Neurotiker*, Gesammelte Werke Bd. IX, Frankfurt am Main: Fischer Taschenbuch Verlag 1999.

15 Deshalb könnte man die auf dem Feld der Sozialwissenschaften unternommenen Schritte, die Errungenschaften des strukturalen Denkens im Namen des Pragmatismus zunichte zu machen, als Versuche interpretieren, die Geister in unserem Denken der sozialen Welt wiederauferstehen zu lassen, und es ist nicht erstaunlich, dass diese Art Beiträge oft von praktizierenden Gläubigen geleistet worden sind.

16 Émile DURKHEIM, *Physik der Sitten und des Rechts: Vorlesungen zur Soziologie der Moral*, aus dem Französischen von Michael BISCHOFF, hg. von Hans-Peter MÜLLER, Frankfurt am Main: Suhrkamp 1999, S. 111.

17 Ebenda, S. S. 113-114.

18 RAWLS, *Politischer Liberalismus*, a.a.O., S. 317.

19 Die mythologischen Formen, die unseren Definitionen der Demokratie zugrunde liegen, können sogar unsere Praxis der Kritik anstecken, und deshalb sind sie gefährlich, weil sie uns daran hindern, eine klarsichtige Diagnose der Gegenwart und der Logiken zu formulieren, denen wir unterworfen sind. Wenn man die Kritik auf den Mythos gründet, kann man weder eine Diagnose der Gegenwart stellen, noch mögliche Transformationspunkte identifizieren. Wendy Brown zum Beispiel formuliert in *Undoing the Demos: Neoliberalism's Stealth Revolution* eine Kritik am Neoliberalismus, die sich an der demokratischen Idee orientiert: Sie möchte zeigen, dass der Neoliberalismus eine umfassende Rationalität darstellt, die nicht nur die Wirtschaft, sondern auch die politischen Strukturen selbst betrifft. Das vom Neoliberalismus stark gemachte Menschenbild unterminiere durch die Herrschaft des Eigennutzens die demokratische Idee. Wendy Brown sagt: Der Neoliberalismus zerstört die Volkssouveränität im Namen des Marktnutzens. Er entleert die Idee einer gleichen Teilhabe aller an der Deliberation im Namen eines Meinungsmarktes jeden Sinns, er ersetzt den Bürger durch den Konsumenten … Doch welchen Wert hat diese Kritik, die dem Neoliberalismus, verstanden als umfassende Logik, einen Mythos entgegenstellt, der nicht existiert und niemals existiert hat: der deliberierende Bürger, die gleiche Teilhabe an der öffentlichen Deliberation, die Volkssouveränität. Das alles sind mythische Kategorien, die nichts über die reale Funktionsweise der sozialen und politischen Welt aussagen. Und welchen Sinn und welche Wirksamkeit kann ein Projekt haben, das etwas, das niemals existiert hat, etwas entgegensetzt, das nicht existiert?

20 Edmund HUSSERL, *Cartesianische Meditationen. Eine Einleitung in die Phänomenologie*, hg. von Elisabeth STRÖKER, Hamburg: Felix Meiner Verlag 1995, S. 5–8.

21 So in der französischen Übersetzung, auf Deutsch lautet die Stelle: „Wir fangen also neu an, jeder für sich und in sich, mit dem Entschluß radikal anfangender Philosophen, alle uns bisher geltenden Überzeugungen und darunter auch alle unsere Wissenschaften zunächst außer Spiel zu setzen." (*Cartesianische Meditationen*, I. § 3, S. 8, A.d.Ü.).

22 HUSSERL, *Cartesianische Meditationen*, II. § 15, S. 37 (A.d.Ü.).

23 Frantz FANON, *Die Verdammten dieser Erde*, aus dem Französischen von Traugott KÖNIG, Frankfurt am Main: Suhrkamp 1981, S. 31.

24 Ebenda, S. 31/32.

25 Didier ERIBON, *Rückkehr nach Reims*, aus dem Französischen von Tobias HABERKORN, Berlin: Suhrkamp 2016, S. 45 (Übersetzung modifiziert, A.d.Ü.).

26 Jacques DERRIDA, *Das Tier, das ich also bin*, aus dem Französischen von Markus SEDLACZEK, Wien: Passagen Verlag 2010.

27 Carl SCHMITT, *Der Begriff des Politischen. Text von 1932 mit einem Vorwort und drei Corollarien*, Berlin: Duncker & Humblot 1963, S. 26.

28 Jürgen HABERMAS, *Faktizität und Geltung. Beiträge zur Diskurstheorie des Texts und des demokratischen Rechtsstaats*, Frankfurt am Main: Suhrkamp 1992, S. 96.

29 Vgl. Chantal MOUFFE, Ernesto LACLAU, *Hegemonie und radikale Demokratie. Zur Dekonstruktion des Marxismus*, aus dem Englischen von Michael HINTZ und Gerd VORWALLNER, Wien: Passagen Verlag 1991 und Chantal MOUFFE, *The Return of the Political*, London: Verso 1993, insbesondere das Kapitel „Democratic Citizenship and the Political Community".

30 MOUFFE, *Agonistik: Die Welt politisch denken*, a.a.O.

31 Giorgio AGAMBEN, *L'uso dei corpi*, Mailand: Neri Pozza 2014. (Da das Werk noch nicht auf Deutsch erschienen ist, zitiere ich hier die Originalausgabe, A.d.Ü.)

32 Giorgio AGAMBEN, *Homo sacer. L'intégrale*, Paris: Seuil 2016, S. 1319. (Da das Werk noch nicht auf Deutsch erschienen ist, zitiere ich diese besondere Stelle hier nach der franz. Ausgabe, die Lagasnerie verwendet, A.d.Ü.) Vgl. Estelle FARRARESE, „Le projet politique d'une vie qui ne peut être séparée de sa forme. La politique de la soustraction de Giorgio Agamben", in: *Raisons politiques*, Nr. 57, 2015, S. 49–63.

33 Giorgio AGAMBEN, *Stasis. Der Bürgerkrieg als politisches Paradigma*, aus dem Italienischen von Michael HACK, Frankfurt am Main: S. Fischer 2016, S. 56–57.

34 Ebenda, S. 26 (Übersetzung modifiziert, A.d.Ü.).

35 Ebenda, S. 33.

36 Ebenda, S. 34, Hervorhebung G. L. (Übersetzung modifiziert, A.d.Ü.).

37 Jürgen HABERMAS, *Theorie des kommunikativen Handelns*, Frankfurt am Main: Suhrkamp 1981.

38 Gary S. BECKER, *Der ökonomische Ansatz zur Erklärung menschlichen Verhaltens*, aus dem Amerikanischen von Monika und Viktor VANBERG, 2. Auflage, Tübingen: Mohr 1993, S. 15.

39 Ebenda, S. 7.

40 Ernesto LACLAU, *On Populist Reason*, London/New York: Verso 2005, S. 4.

41 Anders gesagt, die Autoren und Aktivisten, die die Kategorie des Populismus kritisieren, aber an der Vorstellung festhalten, dass man politische Erzählungen, die über die sozialen Identifikationen in ihrer Zerstreuung hinausgehen, hervorbringen müsse, um den sozialen Kämpfen Kohärenz zu verleihen, gehören zu demselben Paradigma wie Laclau und Mouffe.

42 Ebenda, S. 162.

43 Ebenda, S. 169.

44 Ebenda, S. 171.

45 Chantal MOUFFE, *Für einen linken Populismus*, aus dem Englischen von Richard BARTH, Berlin: Suhrkamp Verlag 2018, S. 76.

46 Vgl. meinen Artikel „The Concepts of Revolution", in Thomas TELIOS und Dieter THOMÄ (Hg.), *The Past, Present and Future of he Russian Revolution: Political Memory, History and the Next Revolution*, Basingstoke: Palgrave Macmillan 2019.

47 Chantal MOUFFE, *Über das Politische. Wider die kosmopolitische Illusion*, aus dem Englischen von Niels NEUMEIER, Frankfurt am Main: Suhrkamp 2007.

48 Ebenda, S. 30 (A.d.Ü.).

49 Ebenda, S. 29–36.

50 Deshalb ist nicht einzusehen, warum sie legitimer wäre als andere Formen der Eroberung des Staatsapparats.

51 Maurice MERLEAU-PONTY, „Über die Enthaltung", in: Ders., *Zeichen*. Auf der Grundlage der Übersetzungen von Barbara SCHMITZ, Hans Werner ARNDT und Bernhard WALDENFELS, hg. von Christian BERMES, Hamburg: Felix Meiner Verlag 2007, S. 471–476, hier: S. 472 (A.d.Ü.).

52 John RAWLS, *Eine Theorie der Gerechtigkeit*, aus dem Amerikanischen von Hermann VETTER, Frankfurt am Main: Suhrkamp 1979, S. 271.

53 RAWLS, *Politischer Liberalismus*, a.a.O., S. 320.

54 Judith BUTLER, *Anmerkungen zu einer performativen Theorie der Versammlung*, aus dem Amerikanischen von Frank BORN, Berlin: Suhrkamp 2018.

55 Ebenda, S. 10.

56 Ebenda, S. 219.

57 Ebenda, S. 220.

58 Ebenda.

59 Ebenda, S. 220.
60 Ebenda, S. 210.
61 Ebenda, S. 211.
62 Ebenda, S. 210
63 Ebenda, S. 211.
64 Ebenda, S. 210.
65 Ebenda, S. 211.
66 Ebenda, S. 212.
67 Als Cortège de tête wird seit den Demonstrationen von 2016 die Spitze eines Demonstrationszugs bezeichnet, die von radikalen und gewaltbereiten Elementen gebildet wird. Diese Praxis steht im Gegensatz zu der des Schwarzen Blocks, der eher am Ende und am Rand eines Demonstrationszugs aktiv ist. (A.d.Ü.)
68 Mark BRAY, *Antifa*, New York: Melville House Publishing 2017. Francis DUPUIS-DÉRI, *Les Black blocs*, Montréal: Lux Éditeur 2016.
69 BUTLER, *Anmerkungen zu einer performativen Theorie der Versammlung*, a.a.O., S. 212.
70 Jacques DERRIDA, „Otobiographien. Die Lehre Nietzsches und die Politik des Eigennamens", in: Jacques DERRIDA/Friedrich KITTLER: *Nietzsche – Politik des Eigennamens. Wie man abschafft, wovon man spricht.* Berlin: Merve Verlag 2000, S. 7–63.
71 Ebenda, S. 10 („der Eigenname" wurde gemäß Lagasneries Zitat der französischen Ausgabe *Otobiographies. L'enseignement de Nietzsche et la politique du nom propre*, Paris: Galilée 2005, S. 15, hinzugefügt, A.d.Ü.).
72 Ebenda, S. 66. Man findet dasselbe Motiv des Performativs als rhetorischer Taktik, die es erlaubt, den Konstativ *ex post* wirksam werden zu lassen, in Jacques DERRIDA, *Gesetzeskraft. „Der mythische Grund der Autorität"*, aus dem Französischen von Alexander García DÜTTMANN, Frankfurt am Main: Suhrkamp 1991.
73 DERRIDA, „Otobiographien", a.a.O., S. 14. Vergleiche dazu Romildo Gomes PINHEIRO, „Déclarations d'indépendance: le problème de la fonction du pouvoir chez Arendt, Derrida et Negri", in: *Kínesis* (Marília), Bd. 6, 2014, S. 97–131. (Zu Ponges Fabel vgl. Jacques DERRIDA, *Psyche. Erfindungen des Anderen I*, aus dem Französischen von Markus SEDLACZEK, Wien: Passagen Verlag 2012, S. 15–76. A.d.Ü.).
74 Pierre BOURDIEU, *Langage et Pouvoir symbolique*, Paris: Le Seuil 2001, Claude GAUTIER, „La représentation chez Pierre Bourdieu: de la délégation comme décision à la délégation comme dépossession – hypothèses de lecture", in: *Cités*, Nr. 51, 2012, S. 65-77. https://www.cairn.info/revue-cites-2012-3-page-65.htm
75 BOURDIEU, *Langage et Pouvoir symbolique*, a.a.O., S. 263.
76 Ebenda, S. 263.
77 Ebenda, S. 286.

78 *Agrégés* sind im französischen Bildungssystem Personen, die den „Agrégation" genannten Wettbewerb gewonnen haben und damit eine Lehrbefugnis (im Lycée- und Universitätsbereich) erworben haben, die ihnen einen höheren sozialen Status und die damit verbundene finanzielle Besserstellung garantiert. (A.d.Ü.)

79 Ebenda, S. 264.

80 BUTLER, *Anmerkungen zu einer performativen Theorie der Versammlung*, a.a.O., S. 221.

81 Geoffroy de LAGASNERIE, *Michel Foucaults letzte Lektion: Über Neoliberalismus, Theorie und Politik*, aus dem Französischen von Isolde SCHMITT, Wien: Passagen Verlag 2017 (A.d.Ü.).

82 Geoffroy de LAGASNERIE, *Verurteilen: Der strafende Staat und die Soziologie*, aus dem Französischen von Jürgen SCHRÖDER, Berlin: Suhrkamp 2017 (A.d.Ü.).

83 Maurice HALBWACHS, *Classes sociales et morphologie*, Paris: Éditions de Minuit 1972.

84 Léon DUGUIT, *L'État, le droit objectif et la loi positive*, Paris: Dalloz 2003, S. 1.

85 Ebenda, S. 8.

86 Ebenda, S. 259.

87 Ebenda, S. 255.

88 Diese Sichtweise ermöglicht einen Bruch mit jeglichem Essenzialismus. Der Staat und das Gesetz sind Werkzeuge. Wir dürfen diesen Entitäten also niemals irgendein Wesen zuschreiben. Was sie zu einem gegeben Zeitpunkt sind, ist das Ergebnis der Art und Weise, wie partikulare Gruppen zu bestimmten Augenblicken sich ihrer bemächtigt haben. Wir könnten uns auch des Staats und des Gesetzes bemächtigen, um eine andere Gesellschaftsordnung zu errichten – ich werde davon im letzten Teil sprechen –, sodass jede Staatsfeindlichkeit strategisch unhaltbar wird. Diese Auffassung führt auch dazu, eine zu einförmige und zu vereinheitlichende Sichtweise des Staats zu vermeiden und die Inkohärenzen und heterogenen Logiken zu erfassen, die sich in den Rechtspraktiken oder in der Verwaltung vollziehen.

89 Jürgen Habermas zufolge genügt diese Bedingung allein dennoch nicht, um die Legitimität des Gesetzes zu gewährleisten. Vgl. Jürgen HABERMAS, *Faktizität und Geltung*, a.a.O.

90 Pierre BOURDIEU, „La force du droit. Éléments pour une sociologie du champ juridique", *Actes de la recherche en sciences sociales*, Bd. 64, September 1986, S. 3–19, S. 5. Ders., *Über den Staat. Vorlesungen am Collège de France 1989-1992*, aus dem Französischen von Horst BRÜHMANN und Petra WILLIM, Berlin: Suhrkamp 2017.

91 Deshalb glaube ich auch, dass wenn wir eine klarsichtige Analyse der Justiz formulieren wollen, wir die Justizentscheidungen stärker an die Namen der Richter, die sie getroffen haben, knüpfen müssten, um nicht länger glau-

ben zu machen, dass diese Entscheidungen „im Namen des Volks" getroffen worden seien, obwohl sie tatsächlich nur von ein paar Individuen getroffen wurden. Wir müssten öfter die Namen der Richter nennen, ihre Namen veröffentlichen. Denn sie fällen ihre Entscheidung nicht im Namen des französischen Volks, sondern in ihrem Namen, und sie müssen dazu stehen.

92 HABERMAS, *Faktizität und Geltung*, a.a.O., S. 578. Robert W. GORDON, „Critical Legal Histories" (1984), Faculty Scholarship Series, Paper 1368. http://digitalcommons.law.yale.edu/fss_papers/1368. Patricia EWICK, Susan SILBEY: „La construction sociale de la légalité", übersetzt von Guilhem CASSAN u.a., in: *Terrains & travaux*, Nr. 6, 2004, S. 112–138.

93 Olivier JOUANJAN, *Justifier l'injustifiable*, Paris: Presses universitaires de France 2017. Was Jouanhan beschreibt, ist umso beunruhigender, als er zeigt, wie sehr die Nazis von einer anti-individualistischen, gegen Abstraktionen gerichteten Obsession geritten wurden, die für „konkrete" und „umfassende" Begriffe wie „Gemeinschaft" und „Volk" kämpfte, mit denen ihr neues Recht verbunden war. Dieses Dispositiv entspricht leider unmittelbar den gegenwärtigen Formen der Kritik am Neoliberalismus und an der Technokratie.

94 Vgl. das Kapitel „La mise au pas du monde des juristes" in Olivier JOUANJAN, *Justifier l'injustifiable*, a.a.O., S. 67–97.

95 Guillaume CALAFAT, *Une mer jalousée*, Paris: Le Seuil 2019.

96 Ich verweise in diesem Punkt auf die Analyse von Assa Traoré und mir selbst in *Le Combat Adama*, Paris: Stock 2019.

97 Michelle ALEXANDER, *The new Jim Crow. Masseninhaftierung und Rassismus in den USA*, aus dem Englischen von Gabriele GOCKEL und Thomas WOLLERMANN, München: Verlag Antje Kunstmann 2016.

98 Joshua BLOOM und Waldo E. MARTIN, *Black Against Empire*, Oakland University of California Press 2013.

99 Jean-Marc WELLER, *Fabriquer des actes d'État. Une ethnographie du travail bureaucratique*, Paris: Economica 2018.

100 RAWLS, *Politischer Liberalismus*, a.a.O., S. 319.

101 Man könnte die Dinge fast so formulieren: Wenn man die politische Ordnung als eine Ordnung denkt, die alle Subjekte wollen und anerkennen würden, dann wäre das eine Ordnung, die man nicht einsetzen müsste, sie wäre bereits da, und es bräuchte folglich auch keine Zwangsmaßnahmen, damit sie wirksam wäre.

102 Hans KELSEN, „Les fondations de la démocratie. Extraits sur la règle de majorité", *Raisons politiques*, vol. 53, Nr. 1, 2014, p. 23–36.

103 Geoffroy de LAGASNERIE, *Die Kunst der Revolte: Snowden, Assange, Manning*, aus dem Französischen von Jürgen SCHRÖDER, Berlin: Suhrkamp 2016.

104 Sandra LAUGIER, „Désaccord, dissentiment, désobéissance, démocratie", in: *Cités*, Bd. 17, Nr. 1, 2004, S. 39–53.

105 Joshua BLOOM und Waldo E. MARTIN, *Black against Empire*, a.a.O., Huey NEWTON, *To Die for the People*, San Francisco: City Lights Books 2009.

106 Joshua BLOOM und Waldo E. MARTIN, *Black against Empire*, a.a.O., S. 61.

107 Huey NEWTON, *To Die for the People*, a.a.O., S. 86.

108 Man findet hier also eine Konstruktion typischer Wahrnehmungen wieder, wie sie Elsa Dorlin analysiert, in denen die gewaltlose Minderheit als gewalttätig beschrieben wird. Vgl. Elsa DORLIN, *Se défendre*, Paris: Zones 2017.

109 Vgl. das Kapitel „Policing the police" in *Black Against Empire*, a.a.O., S. 45–62.

110 Ebenda, S. 67.

111 Ebenda.

112 NEWTON, *To Die for the People*, S. 81.

113 Vgl. das Kapitel 5 dieses Teils: „Besetzte Gebiete".

114 Der Begriff der nationalen Souveränität oder Volkssouveränität verweist also einfach auf die Beschränkung des Raumes der Individuen und Gruppen, die ihren Willen denen aufzwingen können, die dieselbe Nationalität haben. Wenn man behauptet, dass man zum Beispiel die europäischen Verträge im Namen der „nationalen Souveränität" oder der „Volkssouveränität" aufkündigen sollte, dann sagt man, dass wenn man Franzose ist, man politisch nur von anderen französischen Individuen oder Gruppen beherrscht werden möchte und nicht von Individuen oder Gruppen anderer Nationalitäten, so als wäre das unerträglich. Diese Forderung ist also in ihrem Wesen rassistisch.

115 http://www.europe1.fr/international/huit-mois-de-prison-pour-licone-palestinienne-ahed-tamimi-3605876.

116 Ich meine im Übrigen, dass von einem strategischen Gesichtspunkt aus der Bruch mit jedem ethischen Legalismus verlangt, in der politischen Aktion mit jeder Form des aufopfernden Verhaltens zu brechen. Zu sehr an das Gesetz zu glauben, zu sehr sich ihm widersetzen zu wollen, trägt manchmal zur Übernahme von Strategien bei, die glauben, widerständig zu sein, doch tatsächlich dazu führen, sich dem Repressionsapparat des Staats auszuliefern – der Glaube, in politischen Prozessen Brüche vermeiden zu müssen, ist ein Beispiel dafür. Diese Haltung stellt meines Erachtens eine Art paradoxale Manifestation einer Unterwerfung unter das Gesetz und den Staat dar, weil man eigentlich, obwohl man sich diesen Entitäten zu widersetzen scheint, sich darin schickt, was sie aus uns machen wollen, und die Bedeutung der Konfrontation mit ihnen überbetont. Da wir dem Gesetz nichts schuldig sind, ist die einzig legitime Haltung ihm gegenüber der Zynismus und die Entwicklung von Strategien, mit denen man sich wirksam seines Zugriffs entzieht, egal worin sie bestehen mögen.

117 Luc FOISNEAU, „Rawls et la justification de la règle de majorité“, *Raisons politiques*, Nr. 53, 2014, S. 63–79. https://www.cairn.info/revue-raisons-politiques-2014-1-page-63.htm

118 Nelson MANDELA, *L'Apartheid*, Paris: Éditions de Minuit 1985, S. 37.

119 Micheal WALZER, „The Obligation to Disobey“, in: *Ethics*, Bd. 77, Nr. 3, 1967, S. 163–175, hier S. 170.

120 ROUSSEAU, *Vom Gesellschaftsvertrag oder Grundsätze des Staatsrechts*, a.a.O., S. 37.

121 AGAMEN, *Homo sacer*, a.a.O.

122 John LOCKE, *Über die Regierung (The Second Treatise of Governement)*, aus dem Englischen von Dorothee TIDOW, Stuttgart: Philipp Reclam jun. 1975, S. 95.

123 John RAWLS, *Gerechtigkeit als Fairneß. Ein Neuentwurf*, aus dem Amerikanischen von Joachim SCHULTE, Frankfurt am Main: Suhrkamp 2006, S. 153.

124 Immanuel KANT, *Die Metaphysik der Sitten*, hg. von Wilhelm WEISCHEDEL, Werkausgabe Bd. VIII, Frankfurt am Main: Suhrkamp 1977, S. 433.

125 Hannah ARENDT, *Vita activa oder Vom tätigen Leben*, München/Berlin: Piper Verlag 2002, S. 249–250.

126 Monique WITTIG, *La Pensée straight*, Paris: Amsterdam 2018.

127 Sandra LAUGIER, Albert OGIEN, *Pourquoi désobéir en démocratie?*, Paris: La Découverte 2011, S. 34. Sandra LAUGIER, „Désaccord, dissentiment, désobéissance, démocratie“, a.a.O., 2004, S. 39-53.

128 Herbert L. A. HART, „The Variety of Laws“, in: Ders., *The Concept of Law*, Oxford: Oxford University Press 2002, S. 26-49.

129 Zum Begriff der juristischen Person mit der Fähigkeit zur Zustimmung, vgl. die wichtige Doktorarbeit von Samuel FRANÇOIS, „Le Consentement de la personne morale“, verteidigt im Oktober 2018 an der Universität Paris-I Panthéon-Sorbonne.

130 W. E. B. DUBOIS, „Human right for all minorities“, in: Ders., *Speeches and Adresses, 1929-1963*, Atlanta Pathfinder Press 1970, S. 217.

131 LAGASNERIE, TRAORÉ, *Le Combat Adama*, a.a.O.

132 Aus diesem Grund lässt sich die Einheit des Volks auch nicht, wie Kelsen es versuchte, in der Tatsache verankern, dass die Gesamtheit der von einer Menge von Individuen, die sich in einem Gebiet befinden, begangenen Akte ein und derselben Rechtsordnung unterliegt. Denn von einem praktischen Gesichtspunkt aus gesehen funktionieren die Gesetze nicht für jeden von uns gleich und wir leben nicht unter derselben Legalität. Eine gemeinsame Rechtsordnung existiert nicht. Vgl. Hans KELSEN, *Vom Wesen und Wert der Demokratie*, Tübingen: Mohr 1920.

133 Silyan LARCHER, *L'Autre Citoyen*, Paris: Armand Colin 2014, S. 19–20.

134 Jacques DERRIDA, „Die Bewunderung Nelson Mandelas oder die Gesetze der Reflexion“, aus dem Französischen von Gabriele RICKE und

Ronald VOUILLÉ, in: *Für Nelson Mandela*, Reinbek: Rowohlt 1987, S. 11–45.

135 MANDELA, *L'Apartheid*, a.a.O., S. 29.

136 Ebenda, S. 53.

137 Zum Problem, dass eine politische Revolution eine Art und Weise darstellen kann, eine gesellschaftliche Revolution zu vermeiden, vgl. Samuel HAYAT, *Quand la République était révolutionnaire. Citoyenneté et représentation en 1848*, Paris: Seuil 2014. Die gegenwärtige Kritik an der Europäischen Union und europäischen Verträgen wird zum Beispiel sehr oft an der Vorstellung ausgerichtet, dass die technokratische Regierung autoritär sei, weil sie uns der Ausübung „unserer Volkssouveränität" beraube. Doch noch einmal, eine solche Anrufung der Volkssouveränität hat keinen Sinn. Die Kritik sollte vielmehr die gewünschte konkrete Ordnung betreffen. Politischen Meinungsverschiedenheiten sind substantiell, nicht formal, denn die Rechtsordnung ist immer eine Entscheidung, die bestimmten Leuten von anderen auferlegt wird.

138 Eine mögliche Neudefinition unseres politischen Ideals bietet sich im Rahmen einer Reflexion über das Recht, die Rechtsrationalität, die Stellung von Verfassungsrichtern an. Vgl. Dominique ROUSSEAU, *Sur le Conseil constitutionnel. La Doctrine Badinter et la démocratie*, Paris: Descartes and Cie 1997. Und ders., *Radicaliser la démocratie*, Paris: Seuil 2015.

139 Olivier LE COUR GRANDMAISON, *De l'indegénat*, Paris: Zones 2010.

140 Quentin SKINNER, *Liberty before Liberalism*, Cambridge University Press 1998.

141 Judith SHKLAR, „Positive Liberty, Negative Liberty in the United States", in: *Redeeming American Political Thought*, Chicago University Press 1988.

142 Ebenda, S. 113.

143 Zu diesem Konflikt vgl. Manuela CADELLI, *Radicaliser la Justice*, Bruxelles: Éditions Samsa 2918, ROUSSEAU, *Sur le Conseil constitutionnel*, a.a.O., und *Radicaliser la démocratie*, a.a.O.

144 Geoffrey GRANDJEAN, *Pouvoir politique et audace des juges. Approche européenne et comparée*, Bruxelles: Bruylant 2018.

145 Vgl. Nils CHRISTIE, *Limits to Pain*, Eugene: Wipf and Stock Publishers 2007. Robert COVER, „Violence and the World", in: *Yale Law Journal*, Bd. 95, 1986.

146 Dominique SÉGLARD, *Du pouvoir*, Paris: Seuil 2012, S. 203.

147 Über den Mythos der Einheit bei Schmitt vgl. Olivier JOUANJAN, „Lire Herman Heller", in: Ders., *État et société politique*, Paris: Éditions de l'EHESS 2018, S. 53–55.

148 Louis ALTHUSSER, „Marx dans ses limites", in: Ders., *Écrits philosophiques et politiques*, Paris: Stock 1994, S. 444–529.

149 BRAY, *Antifa*, a.a.O., S. 144–154.

150 HABERMAS, *Faktizität und Geltung*, a.a.O., S. 588.

151 Ebenda, S. 583.

152 Ebenda, S. 563–577.

153 Karl MARX, „Zur Judenfrage", in: Karl MARX, Friedrich ENGELS, *Werke* (MEW), Bd. 1, Ost-Berlin: Dietz Verlag 1976. S. 347–377. hier: S. 354.

154 Karl MARX, Friedrich ENGELS, „Kritik des Gothaer Programms", in: Karl MARX, Friedrich ENGELS, *Werke* (MEW), Bd. 19, Ost-Berlin: Dietz Verlag 1962, S. 13–32, hier: S. 20.

155 ALEXANDER, *The New Jim Crow*, a.a.O.

156 Wie Daniel Loick ganz richtig angemerkt hat, gibt es jedoch Traditionen der Reflexion über gewaltlose Gesetzesformen, sodass die Verbindung zwischen Gesetz und Gewalt vielleicht eher auf eine historische Kontingenz als auf eine logische Notwendigkeit verweist. Daniel Loick führt namentlich das Völkerrecht als Beispiel an. Daniel LOICK, *A Critique of Sovereignty*, New York: Rowman and Littlefield 2019.

157 KANT, *Metaphysik der Sitten*, a.a.O., S. 341.

158 Im Übrigen: Da die sozialen Agenten keine politische Theorie lesen, wozu sagt man, dass die Institutionen legitim sind, wenn nicht eigentlich deshalb, um sich selbst ein gutes Gewissen zu verschaffen, den Repressionsapparat des Staates zu rechtfertigen, um zu sagen: „Ich zeige, dass das Gesetz legitim ist, ich zeige, dass man ihm gehorchen muss, also haben die, die dem Gesetz zuwiderhandeln, Pech gehabt, es ist normal, sie zu bestrafen und ich brauche mir nicht mehr die Frage der staatlichen Gewaltausübung zu stellen."?

159 Hannah ARENDT, *Du mensonge à la violence*, Paris: Pocket 2002.

160 Über die Polizei als Aktivität, die die Fähigkeit besitzt, Recht zu schaffen, vgl. „Qu'appelle-t-on violences policières?", in: *Le Combat Adama*, a.a.O.

161 Giorgio AGAMBEN, „Souveräne Polizei", in: Ders., *Mittel ohne Zweck. Noten zur Politik*, aus dem Italienischen von Sabine SCHULZ, Freiburg/Berlin: Diaphanes 2001, S. 99–102, hier: S. 100.

162 DERRIDA, *Gesetzeskraft*, a.a.O., S. 13.

163 Über die Wörter, die die gewaltsame Wirklichkeit der staatlichen Akte verdecken, vgl. CHRISTIE, *Limits to Pain*, a.a.O.

164 Genau aus diesem Grund habe ich in *Le Combat Adama* die Kategorien der „Polizeigewalt" oder „Polizeibrutalität" kritisiert. Wenn wir Handlungen der Polizei, die uns als besonders brutal erscheinen oder die sich außerhalb des Gesetzes befinden, „Polizeigewalt" nennen, dann vergessen wir, dass die Polizei ihrem Wesen nach eine gewaltsame Einrichtung ist. Anders gesagt, entweder es gibt keine „Polizeigewalt", weil Polizei Gewalt ist, oder es gibt nur Polizeigewalt. Die Kategorie der Polizeigewalt, die voraussetzt, eine Reihe von Praktiken der Polizei als gewaltsam hervorzuheben, so als ob andere es nicht wären, gründet auf der falschen Wahrnehmung, dass das, was als rechtmäßig oder normal erscheint, nicht gewaltsam wäre. „Qu'appelle-t-on violences policières?", in LAGASNERIE und TRAORÉ, *Le Combat Adama*, a.a.O., S. 131–136.

165 Max WEBER, „Politik als Beruf", in: Ders., *Geistige Arbeit als Beruf. Vier Vorträge vor dem Freistudentischen Bund.* Zweiter Vortrag, München: Duncker und Humblot 1919, S. 4.

166 Bertrand GUILLARME, *Penser la peine*, Paris: Presses universitaires de France 2003. RAWLS, *Eine Theorie der Gerechtigkeit*, a.a.O., S. 271.

167 Max WEBER, „Die drei reinen Typen der legitimen Herrschaft", in: Ders., *Wirtschaft und Gesellschaft. Die Wirtschaft und die gesellschaftlichen Ordnungen und Mächte, Nachlaß Teilband 4: Herrschaft*, hg. von Edith HANKE, *Max Weber Gesamtausgabe*, hg. Horst Baier u.a., Abt. I Schriften und Reden Bd. 22-4, Tübingen: J. C. B. Mohr (Paul Siebeck) 2005, S. 726–742, hier: S. 726.

168 Ebenda.

169 KELSEN, „Les fondations de la démocratie. Extraits sur la règle de majorité", a.a.O.

170 KANT, *Metaphysik der Sitten*, a.a.O., S. 550

171 Deshalb beruht das Argument, dem zufolge die Entscheidung, sich bei Wahlen der Stimmabgabe zu enthalten, eine subversive Dimension haben könnte, weil eine massive Enthaltung zu einer Legitimitätskrise des Systems führen könnte, auf einer Phantasievorstellung. Als ob die politische Ordnung bestünde, weil die Subjekte ihr zustimmten!

172 Max WEBER, *Wirtschaft und Gesellschaft. Die Wirtschaft und die gesellschaftlichen Ordnungen und Mächte, Nachlaß Teilband 4: Herrschaft*, hg. von Edith HANKE, *Max Weber Gesamtausgabe*, hg. Horst Baier u.a., Abt. I Schriften und Reden Bd. 22-4, Tübingen: J. C. B. Mohr (Paul Siebeck) 2005, S. 147.

173 Robin CELIKATES, „Rethinking Civil Disobedience as a Practice of Contestation – Beyond the Liberal Paradigm", in: *Constallations*, März 2016, S. 37–45. Vgl. auch N. P. ADAMS, „Uncivil Disobedience: Political Commitment and Violence", in: *Res Publica*, Vol. 24, Nr. 4, 2018, S. 475–491.

174 Walter BENJAMIN, „Zur Kritik der Gewalt", in: Ders., *Gesammelte Schriften*, II.1, Hg. Rolf TIEDEMANN und Hermann SCHWEPPHÄUSER, Frankfurt am Main: Suhrkamp 1991, S. 179–203.

175 Vgl. Andrea BECKMANN, J. M. MOORE und Azrini WAHIDIN (Hgg.), *Penal Abolition*, London: EG Press 2016.

176 Vgl. dazu Daniel LOICK, „Law without Violence", in: Christoph MENKE (Hg.), *Law and Violence*, Manchester University Press 2018, S. 99.

Passagen forum

Geoffroy de Lagasnerie

Michel Foucaults letzte Lektion

Über Neoliberalismus, Theorie und Politik

Ab den frühen 1970er-Jahren befasst sich Michel Foucault in zahlreichen Texten, die zu den umstrittensten seines Werkes gehören, mit dem Neoliberalismus. Geoffroy de Lagasnerie wendet sich gegen die gängige Rezeption, die diese Auseinandersetzung als Zeichen dafür nimmt, dass Foucault sich gegen Ende seines Lebens dem Neoliberalismus angeschlossen habe. Die Strömung weder völlig ablehnend noch sich ihr einfach unterwerfend, nutze Foucault den Neoliberalismus als ein Mittel, um die Grenzen der politischen Philosophie, der Theorie des Gesellschaftsvertrags, der Rechtstheorien, des Marxismus und der Psychologie aufzuzeigen. Foucault geht es darum, mittels einer Neuinterpretation des Neoliberalismus eine historisch wirksame Fähigkeit zum Ungehorsam zu entwickeln. Hierbei wirft Geoffroy de Lagasnerie die Fragen auf, mit welchem Mitteln im Zeitalter des Neoliberalismus eine Philosophie der Emanzipation erarbeitet werden kann und welches die Bedingungen der Kritik dieser Gouvernementalität sind. Damit geht er auf ganz neue Weise an Themen heran, die im Brennpunkt der zeitgenössischen Diskussionen auf internationaler Ebene stehen.

Passagen forum

François Caillat

Foucault gegen Foucault

Mit Beiträgen von Geoffroy de Lagasnerie, Arlette Farge, Leo Bersani und Georges Didi-Huberman

Foucault beteiligte sich an politischen Bewegungen, die er in der Folge in Frage stellte. Er behauptete von sich, „Strukturalist" zu sein, nur um dies wenig später wieder zu verneinen. Er machte sich bisweilen über seine eigenen Werke lustig und nahm mit jeder neuen Arbeit eine Gegenposition zu sich selbst ein. Damit in Einklang steht auch seine Erklärung zur Frage, was es heißt, kreativ zu sein: Schöpferische Arbeit war für ihn untrennbar mit dem Willen verbunden, sich von sich selbst zu distanzieren.
In diesem Band setzen sich Arlette Farge, Georges Didi-Huberman, Geoffroy de Lagasnerie und Leo Bersani mit dieser foucaultschen Haltung auseinander. Welchen Platz nimmt der Bruch in der philosophischen Arbeit Foucaults, in seinem Verhältnis zu politischen Bewegungen oder in seinem Leben ein? Inwiefern stellt der Bruch eine zentrale Analysekategorie dar, die hilft, das Werk Foucaults zu erfassen, und, darüber hinaus, das Kräftefeld des Denkens und emanzipatorische Wege der Politik immer wieder aufs Neue zu denken?

Passagen Philosophie

Slavoj Žižek

Das erhabene Objekt der Ideologie

In seinem vielleicht einflussreichsten Werk versucht Slavoj Žižek die Frage zu beantworten, ob und wie man überhaupt noch von Ideologie sprechen kann. Zum Zeitpunkt der Veröffentlichung im Jahr 1989 war die Antwort auf diese Frage keineswegs selbstverständlich: Vielerorts ging man davon aus, dass die Ideologien an ihr Ende geraten seien. Žižek dagegen vertritt die These, dass ein neues Vokabular zur Beschreibung moderner ideologischer Phänomene nötig sei: Nur ein produktiver Austausch von Hegel'scher Dialektik und Lacan'scher Psychoanalyse könne die subtilen Formen von Ideologie lesbar machen, die für den modernen Kapitalismus kennzeichnend sind. Mit Das erhabene Objekt der Ideologie hat Žižek ein Standardwerk vorgelegt, das weit über die Grenzen der Disziplin hinausweist und gerade in Zeiten, in denen Fake News und Verschwörungstheorien Hochkonjunktur haben, von ungebrochener Aktualität ist.

Passagen forum

Ernesto Laclau

Die populistische Vernunft

Laclaus zentraler Gegenstand ist die Konstruktion popularer Identitäten und die Entstehung des ‚Volkes' als kollektiven Akteurs. Durch eine kritische Lektüre der bestehenden Theorien zum Populismus zeigt er, dass jede politische Theorie, die glaubt, den Populismus als verächtliches Randphänomen ignorieren zu dürfen, ihren Gegenstand – die Politik und das Politische – als solchen verfehlt. Zahlreiche Konzepte (Logik der Äquivalenz, leerer Signifikant, Hegemonie etc.), die in anderen Arbeiten grundgelegt sind, werden hier in Anwendung gebracht. Indem Laclau die theoretische Analyse mit einer Vielzahl empirischer Verweise aus einem breiten historischen und geografischen Spektrum verknüpft, weist er die empirische Brauchbarkeit seiner Begriffe nach und verleiht ihnen im selben Zuge ein schärferes Profil. Laclaus in Kürze zu einem modernen Klassiker avanciertes Buch ist unverzichtbar für jeden Versuch, die Politik und das Politische zu denken und die Besonderheiten unserer politischen Gegenwart zu verstehen.